# 웹 디자인,
# 이렇게 하면 되나요

**GENBA DE TSUKAERU WEB DESIGN IDEA RECIPE**

Copyright © 2022 Masayuki Kobayashi

Original Japanese edition published by Mynavi Publishing Corporation
Korean translation rights arranged with Mynavi Publishing Corporation
through The English Agency (Japan) Ltd. and Danny Hong Agency

---

# 웹 디자인, 이렇게 하면 되나요?

**1쇄 발행** 2022년 11월 10일

**지은이** 고바야시 마사유키
**옮긴이** 김모세
**펴낸이** 장성두
**펴낸곳** 주식회사 제이펍

**출판신고** 2009년 11월 10일 제406-2009-000087호
**주소** 경기도 파주시 회동길 159 3층 / **전화** 070-8201-9010 / **팩스** 02-6280-0405
**홈페이지** www.jpub.kr / **원고투고** submit@jpub.kr / **독자문의** help@jpub.kr / **교재문의** textbook@jpub.kr

**소통기획부** 김정준, 송찬수, 박재인, 배인혜, 이상복, 송영화, 권유라
**소통지원부** 민지환, 이승환, 김정미, 서세원 / **디자인부** 이민숙, 최병찬

**기획 및 진행** 배인혜 / **교정·교열** 강민철 / **표지·내지 디자인** 다람쥐생활 / **표지 일러스트** 다니엘(@DanyL_robamimi)
**용지** 타라유통 / **인쇄** 한길프린테크 / **제본** 일진제책사

**ISBN** 979-11-92469-30-0 (13000)
**값** 22,000원

제이펍은 독자 여러분의 아이디어와 원고 투고를 기다리고 있습니다. 책으로 펴내고자 하는 아이디어나 원고가 있는
분께서는 책의 간단한 개요와 차례, 구성과 저(역)자 약력 등을 메일(submit@jpub.kr)로 보내 주세요.

# 웹 디자인,
# 이렇게 하면 되나요?

**고바야시 마사유키** 지음 | **김모세** 옮김

한번 배우면 평생 써먹는
웹 디자인 코드
구현 가이드

Jpub 제이펍

## Chapter 1 사진과 이미지 디자인

## Chapter 2 제목과 텍스트 디자인

### Chapter 3   버튼 디자인

### Chapter 4   레이아웃 디자인

Web Design Idea Recipe

## Chapter 5 · UI 관점으로 보는 문의용 폼 규칙

## Chapter 6 · 실무에서 유용한 웹 도구와 리소스 배포 웹사이트

## Chapter 7 · 구글 검색 결과 페이지 필수 팁

이 책의 내용은 크게 둘로 나뉘어 있습니다. Chapter 1부터 Chapter 4까지는 사진과 이미지 디자인, 제목과 텍스트 디자인, 버튼 디자인, 레이아웃 디자인을 주제로 각각 웹 디자인 예시와 구체적인 HTML & CSS 코드를 제공합니다. 또한 이해하기 쉽도록 각 코드를 구현하는 과정을 자세하게 설명합니다.

## 웹 디자인 예시와 구체적인 코드 및 설명

**챕터 및 레슨**
웹 디자인 구현 방법을 주제별로 나누었습니다.

**포인트**
해당 디자인의 특징을 간명하게 설명합니다.

**코드**
구현에 필요한 HTML & CSS를 소개합니다.

**설명**
코드를 이해할 수 있도록 풀어서 말합니다.

**주의 사항**
웹 디자인을 구현하며 참고하거나 주의할 사항을 짚었습니다.

Chapter 5부터 Chapter 7까지는 UI(사용자 인터페이스) 관점으로 보는 문의용 폼 규칙, 실무에서 유용한 웹 도구와 리소스 배포 웹사이트, 구글 검색 결과 페이지 필수 팁이라는 주제로 웹사이트를 제작할 때 도움이 되는 정보를 제공합니다.

## 웹 디자인에 도움이 되는 정보

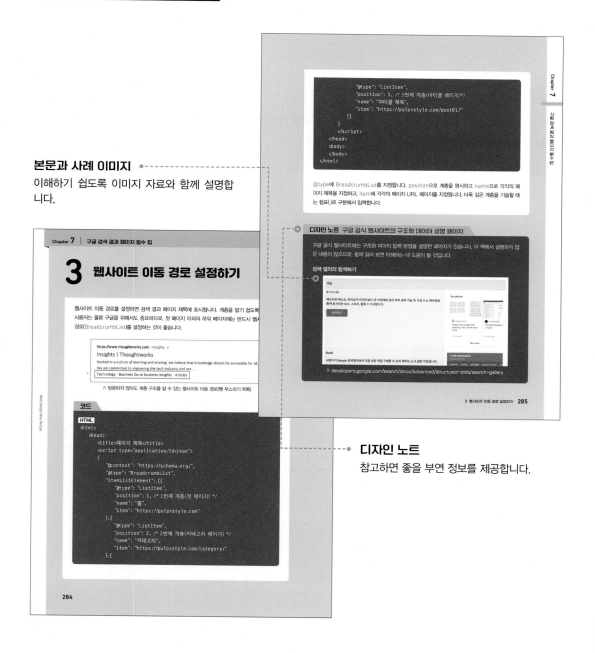

**본문과 사례 이미지**

이해하기 쉽도록 이미지 자료와 함께 설명합니다.

**디자인 노트**

참고하면 좋을 부연 정보를 제공합니다.

## 리셋 CSS로 초기 스타일을 통일합니다

구글 크롬(Google Chrome), 모질라 파이어폭스(Mozilla Firefox), 애플 사파리(Apple Safari) 등의 웹 브라우저는 각각 기본 설정값을 가지기 때문에, 같은 CSS 코드를 적용해도 표시 결과가 조금씩 다릅니다. 그래서 리셋(Reset) CSS를 이용해 웹 브라우저와 상관없이 초기 스타일을 통일시킴으로써 더욱 쉽게 구현할 수 있습니다.

리셋 CSS의 종류에는 모든 스타일을 초기화하는 것과 일부 스타일을 남기고 브라우저 사이의 차이를 통일시키는 것이 있습니다. 이 책에서는 모든 스타일을 리셋하는 sanitize.css를 이용해 설명합니다.

## 리셋 CSS를 적용하는 방법을 살펴보세요

satinize.css를 적용하는 방법을 소개합니다. 먼저 아래 satinize.css 링크로 들어가서 [Download] 버튼을 클릭하면 리셋 CSS 파일을 다운로드할 수 있습니다.

• satinize.css 주소: csstools.github.io/sanitize.css

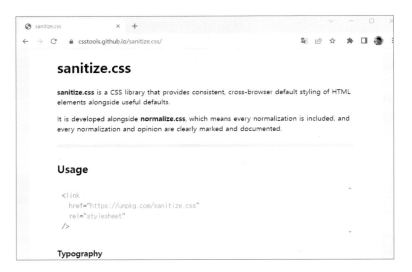

리셋 CSS sanitize.css 파일을 임의의 위치에 업로드하고, 적용할 HTML 파일의 `<head>~</head>` 사이에 아래의 HTML 예시와 같이 작성하면, 리셋 CSS가 적용됩니다.

```
HTML 예
<link rel="stylesheet" href="sanitize.css">
```

```html
<html>
    <head>
        <link rel="stylesheet" href="../sanitize/sanitize.css">
        <link rel="stylesheet" href="1-1.css">
    </head>
    <body style="margin: 15px;">
        <img src="../images/pic012.jpg" alt="꽃집 사진">
    </body>
</html>
```

## 대응 브라우저를 확인하세요

이 책에서 설명하는 내용은 구글 크롬, 모질라 파이어폭스, 애플 사파리, 마이크로소프트 엣지의 최신 버전에 대응합니다(2022년 1월 기준). 인터넷 익스플로러(Internet Explorer)는 2022년 6월 16일(한국 시간) 이후 마이크로소프트가 공식 지원 대상에서 제외하기 때문에 이 책에서도 대응 브라우저에서 제외했습니다.

그리고 일부 코드는 대응 브라우저의 최신 버전에서만 동작합니다. 이전 버전까지(혹은 최근 연도까지) 대응되지 않았던 코드인 경우 별도로 대응하는 코드를 실었습니다.

## 독자 지원 페이지를 참고하세요

이 책에서 설명하는 코드를 복사 & 붙여넣기해서 이용할 수 있도록 지원 페이지를 통해 코드를 제공합니다. 책의 내용을 읽으면서 활용하기 바랍니다.

- 옮긴이의 깃허브(GitHub): github.com/moseskim/web-design-idea-recipes
- 제이펍 실용서 독자 지원 페이지: bit.ly/book_jpub

또한, 일본 원서의 지원 페이지에서는 원서 이미지와 함께 코드를 제공합니다. 단, 일본어로 작성되어 있으며, 한국어판과 사진 예시가 다른 점 참고하기 바랍니다.

- 원서 출판사 지원 페이지: wdidearecipe.com

## 접근성 이슈는 제외했습니다

사용자가 조작하기 쉬운 환경을 만들기 위한 접근성(Accessibility)은 웹사이트 제작에서도 표준이 되어 있습니다. 하지만 이 책 안에서는 웹 디자인 구현을 주로 다루고 있어 접근성에 관한 이슈는 다루지 않습니다.

## 지은이 머리말

이 책은 아래와 같은 분들을 위해 트위터에 올린 웹 디자인 구현 코드의 팁에 구체적인 해설을 덧붙여 집필했습니다. 또한 트위터에서 미처 소개하지 못했던 아이디어를 디자인 이미지를 이용해 자세히 설명했습니다. 이 책을 통해 디자인을 보는 것만으로도 자신이 필요한 HTML 태그와 CSS를 파악하고, 구현할 수 있기를 바랍니다.

- HTML이나 CSS의 기초를 학습하고 그다음 단계를 밟고자 하는 분
- 독학으로 배워서 전문가의 코드를 보고 싶은 분
- 불필요한 코드를 삭제하고 짧게 만들고 싶은 분
- 자주 보이는 웹 디자인을 어떻게 구현하는지 궁금한 분

웹 디자인 구현에서 자주 접하는 **사진과 이미지**, **제목과 텍스트**, **레이아웃**, **버튼**이라는 4개의 디자인 분류를 기준으로 아이디어를 설명했습니다. 추가로 UI 관점으로 보는 문의용 폼 규칙, 구글 검색 결과 페이지에 반영할 구조화 데이터 작성 방법, 디자인이나 코딩을 편리하게 만드는 웹 도구 소개 등 웹 제작 현장에서 활용할 수 있는 정보를 담았습니다. 이 책이 입문자의 실력 향상에 도움이 되거나 회사의 신입 교육 자료 등으로 활용된다면 더할 나위 없이 기쁠 것입니다.

**고바야시 마사유키**

## 옮긴이 머리말

이 책은 다양한 환경에서 경험을 쌓은 저자가 복잡한 코드나 라이브러리를 사용하지 않고도, 일관되고 특색 있는 디자인 경험을 매우 손쉽게 구현할 수 있는 아이디어들을 담았습니다. 웹사이트 디자인과 관련된 고민을 가지고 계셨다면, 그 고민을 해결해 줄 만한 신선한 인사이트를 얻을 수 있을 것입니다.

좋은 책을 번역할 수 있도록 기회를 주신 제이펍 출판사 장성두 대표님, 책의 편집 과정에서 고생하시면서 많은 도움을 주신 배인혜 님, 강민철 님께 감사드립니다. 여러분 덕분에 더 좋은 책을 만들 수 있게 되었습니다. 마지막으로 바쁜 일정 속에서도 번역하는 동안 한결같은 믿음으로 저를 지지해 주는 아내와, 컴퓨터 앞에 앉아 시간을 보내는 아빠를 응원해 주는 세 딸에게도 깊은 감사를 드립니다.

**김모세**

## 초간단 코딩 실습 준비하기

이 책에서는 HTML과 CSS 코드를 작성하면서 웹 디자인 실습을 해 볼 것입니다. 코딩이 처음인 독자라도 걱정하지 마세요.

코드를 편하게 작성하려면 비주얼 스튜디오 코드 같은 코드 편집기 프로그램을 먼저 설치해야 합니다. 비주얼 스튜디오 코드 웹사이트(code.visualstudio.com)에 접속해서 [Download for Windows/macOS]를 클릭해 다운로드하고 프로그램을 설치합니다.

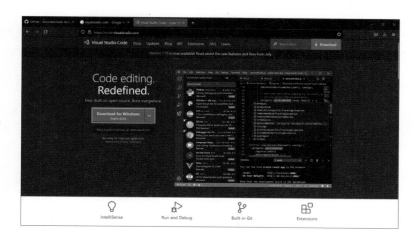

그런 다음 bit.ly/book_jpub에 접속한 후 해당 책을 검색하여 찾고, 예제 파일을 다운로드한 후 압축을 풀어 준비합니다. 비주얼 코드 스튜디오를 실행하세요.

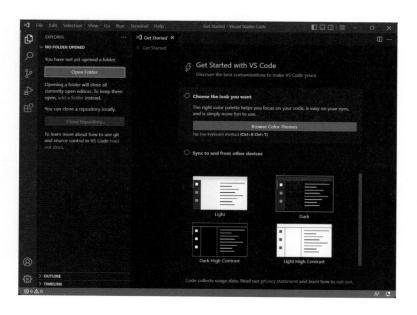

예제 파일을 열면 index.html, style.css 파일과 images 폴더가 있습니다. 코드 편집기에서 index.html 파일을 열어 HTML 코드를 작성하고, style.css 파일에서 CSS 코드를 작성하면 됩니다.

HTML에 CSS를 연결하려면 다음과 같이 기본적으로 작성해야 할 코드가 있는데, 이미 예제 파일에서 기입해 두었습니다. 독자 여러분은 다음과 같이 index.html의 <body>~</body> 영역 안에 책에 소개된 코드를 작성해 보면 됩니다. 눈으로만 훑어보지 말고 꼭 직접 코드를 작성해 보세요!

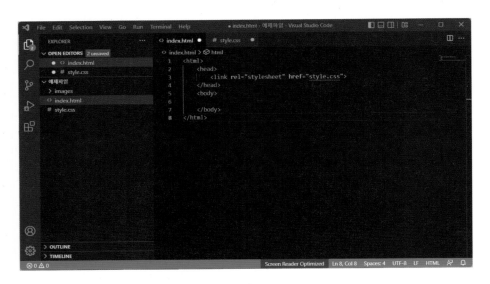

18쪽 첫 레슨에서 소개하는 코드를 보고 index.html과 style.css에 다음과 같이 입력해 보세요.

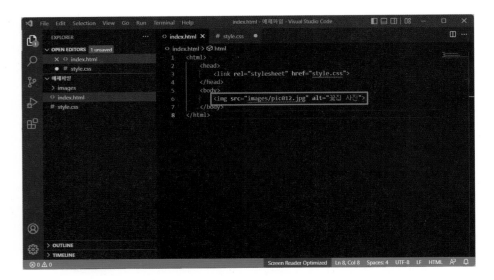

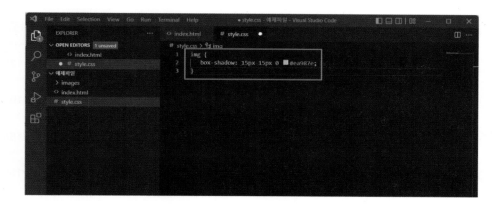

앞의 코드를 살펴보면, HTML에서는 img 태그를 이용해 images 폴더의 pic012.jpg 이미지 파일을 삽입합니다. 그러면 CSS에서는 img 태그의 이미지에 대해 box-shadow라는 그림자 효과가 지정되게끔 꾸며 주는 것이죠. 앞으로 이런 식으로 HTML과 CSS에 코드를 작성해 가며 여러분 스스로 웹 디자인을 구현해 볼 것입니다.

이제 코드를 다 작성하면 index.html과 style.css 파일을 각각 저장합니다. 그런 다음 웹 브라우저(Chrome, Safari, Microsoft Edge 등)로 index.html 파일을 열어 보면 실습한 결과물을 확인할 수 있습니다.

# 사진과 이미지 디자인

사진이나 이미지를 웹에 그냥 업로드하자니
뭔가 부족한 느낌이 듭니다.
단순하면서도 디자인에 포인트를 줄 수 있게
이미지를 꾸미는 요령을 소개합니다.

# 1 배경색 음영 배치하기

## 포인트

- ☑ 의사 요소 없이 box-shadow 한 줄로 음영을 구현할 수 있습니다.
- ☑ 간단히 테마 색상을 그림자로 깔아 이미지에 확실한 인상을 줍니다.

## 코드

**HTML**
```html
<img src="../images/pic012.jpg" alt="꽃집 사진">
```
-----------------------------------------------------------------------

**CSS**
```css
img {
    box-shadow: 15px 15px 0 #ea987e;
}
```

## 설명

이미지 아래에 배경색 그림자를 깔아서 꾸미는 디자인입니다. 눈길을 끌면서도 테마 색상이 자연스러운 느낌을 줍니다. 앞의 코드는 img 태그로 지정한 이미지에서 그림자를 X축과 Y축 방향으로 각각 15px 을 이동하고 배경색으로 #ea987e를 지정했습니다.

보통 웹에서 상자를 구현하려면 CSS의 의사 요소(pseudo-element)를 추가해 배경색으로 입힌 사 각형을 직접 만들어 배치하는 방법이 있습니다. 여기서 의사 요소란 HTML 요소의 특정한 부분만 선택 하는 기능입니다.

하지만 box-shadow를 이용하면 코드 한 줄로 똑같은 모양을 구현할 수 있습니다. box-shadow는 요소에 그림자(shadow) 효과를 추가하는 코드로 주로 이용합니다. 하지만 퍼짐(페더) 양을 0으로 지 정하면 흐릿한 그림자가 아니라 배경색을 입힌 도형처럼 표현할 수 있습니다.

그리고 배경색을 입힌 상자를 왼쪽 위에 배치할 수도 있습니다. 다음은 X축과 Y축에 동시에 마이너스 (-) 값을 지정해 이를 구현한 코드 예시입니다.

```css
CSS
img {
  box-shadow: -15px -15px 0 #ea987e;
}
```

## 주의 사항

배경색을 입힌 상자는 요소(즉, 이미지)와 같은 크기이므로 만약 요소와 다른 크기로 바꾸려면 box-shadow가 아니라 의사 요소를 사용해야 합니다. 자신이 원하는 디자인에 따라 구분해서 사용합니다.

≫ 이미지의 크기와 배경색을 입힌 상자의 크기가 같다 면 box-shadow를 이용해서 구현한다.

≫ 이미지와 배경색을 입힌 상자의 크기가 다르다면 의 사 요소를 추가해서 구현한다.

# **2** 줄무늬 음영 배치하기

## 포인트

☑ 자연스럽고 이미지와 잘 어울리게 꾸밀 수 있습니다.

☑ 대각선의 굵기를 조절하며 분위기에 변화를 줍니다.

## 코드

```
HTML
<div class="pic">
    <img src="../images/pic014.jpg" alt="카페 안의 여성 사진">
</div>
```

```
CSS
.pic {
    position: absolute; /* 의사 요소 기준 */
}
```

Web Design Idea Recipe

```css
.pic img {
    position: relative; /* z-index를 활성화하기 위해 필요 */
    z-index: 2; /* 사진을 줄무늬 음영 위에 표시 */
}

.pic::before {
    content: '';
    position: absolute;
    bottom: -15px; /* 사진에서 아래로 15px만큼 이동 */
    right: -15px; /* 사진에서 오른쪽으로 15px만큼 이동 */
    width: 100%; /* 포함하는 부모 요소의 폭 100% */
    height: 100%; /* 포함하는 부모 요소의 높이 100% */
    background-image: repeating-linear-gradient(
        -45deg, /* 선을 -45° 회전 */
        #d34e23 0px, #d34e23 2px, /* 색을 입힌 선 */
        rgba(0 0 0 / 0) 0%, rgba(0 0 0 / 0) 1% /* 여백(투명한 부분) */
    );
    z-index: 1; /* 줄무늬 음영을 사진 아래에 표시 */
}
```

## 설명

자연스러우면서도 재미있는 느낌을 줄 수 있는 대각선 줄무늬를 이용한 디자인입니다. 예제 HTML 코드를 보면 pic 클래스가 img 태그를 감싸고 있습니다. 다시 말해 pic 클래스는 부모(상위) 요소이고, 이에 속한 img 태그는 자식(하위) 요소이며, pic 클래스에 지정된 스타일은 img 태그에도 적용됩니다. 이 디자인은 의사 요소를 사용합니다. 이미지(img 태그)를 감싼 부모 요소(pic 클래스)를 기준으로 하여 의사 요소(::before)에 대각선 스타일을 적용했습니다.

먼저 의사 요소의 위치를 설정합니다. 고정된 값을 기준으로 요소를 배치하기 위해 부모 요소인 pic에서 position: absolute를 지정합니다. 그리고 자식 요소인 ::before를 bottom: -15px, right: -15px로 지정해 이미지보다 오른쪽 아래로 15px씩 이동합니다. width: 100%, height: 100%를 사용해 부모 요소의 폭과 넓이가 100%인 크기(부모 요소와 같은 크기)를 지정합니다.

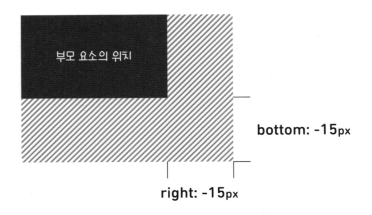

**bottom: -15px**

**right: -15px**

⌄ bottom: -15px, right: -15px을 지정해 부모 요소를 기준으로 이동한다.

대각선은 반복-선형-그레이디언트(repeating-linear-gradient)로 반복 표시해서 줄무늬를 표현합니다.

```
background-image: repeating-linear-gradient(
    #d34e23 0px, #d34e23 2px,
    rgba(0 0 0 / 0) 0%, rgba(0 0 0 / 0) 1%
);
```

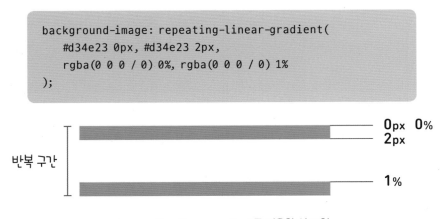

⌄ repeating-linear-gradient를 이용한 선 표현

위 그림과 같이 #d34e23 0px, #d34e23 2px을 이용해 0px 위치에서 2px 위치까지 같은 색을 입힌 가로 선을 표현합니다. rgba(0 0 0 / 0) 0%, rgba(0 0 0 / 0) 1%를 이용해 0% 위치에서 1% 위치까지 투명한 여백을 만듭니다. 여기서 rgba란 rgb에 알파 값(투명도)를 같이 지정한 색상 표시 방법입니다. 이렇게 만든 가로 선과 여백이 아래로 계속 반복됩니다.

만든 줄무늬에 -45deg를 적용하면 -45° 회전해 대각선 줄무늬가 됩니다. 다음으로 색을 입힌 대각선의 굵기를 조정해 느낌을 바꿉니다.

```
background-image: repeating-linear-gradient(
    -45deg,
    #d34e23 0px, #d34e23 4px,
    rgba(0 0 0 / 0) 0%, rgba(0 0 0 / 0) 1%
);
```

✖ 굵은 선(4px)을 사용한 줄무늬

```
background-image: repeating-linear-gradient(
    -45deg,
    #d34e23 0px, #d34e23 1px,
    rgba(0 0 0 / 0) 0%, rgba(0 0 0 / 0) 1%
);
```

✖ 가는 선(1px)을 사용한 줄무늬

대각선 줄무늬를 표현하는 의사 요소(::before)를 사진 이미지(img) 아래에 그리기 위해서 이미지와 의사 요소에 z-index를 지정했습니다. 코드를 보면 img는 z-index: 2이고, ::before는 z-index: 1 인 것을 볼 수 있습니다.

이처럼 화면상의 요소가 겹칠 경우 position 속성이 지정된 상태에서 z-index 값이 높을수록 화면 앞쪽에 배치됩니다. 의사 요소에만 z-index: -1을 지정해도 이미지의 아래에 대각선이 나타납니다.

그러나 이미지와 부모 요소를 감싸는 요소가 있는 경우 해당 요소에 배경을 설정하면 대각선 의사 요소 가 배경 아래에 숨겨져 밖으로 보이지 않습니다.

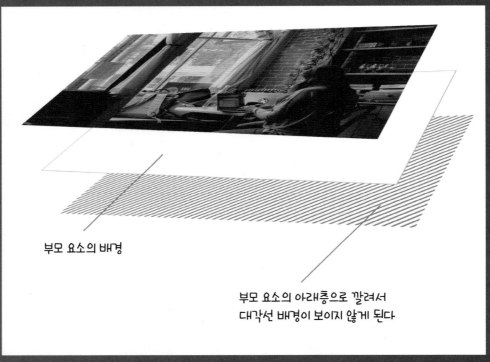

부모 요소의 배경

부모 요소의 아래층으로 깔려서
대각선 배경이 보이지 않게 된다

∧ 이미지와 대각선 의사 요소에 각각 **z-index**를 지정하는 방법을 기억해 두면
오류가 발생할 가능성을 줄일 수 있다.

# 3 점 무늬 음영 배치하기

## 포인트

- ☑ 점 무늬로 간단하면서도 귀여운 느낌을 주는 디자인입니다.
- ☑ 점 크기에 따라 분위기가 달라집니다.

## 코드

**HTML**
```html
<div class="pic">
    <img src="../images/pic019.jpg" alt="바 사진">
</div>
```
```css
CSS
.pic {
    position: absolute; /* 의사 요소 기준 */
}

.pic img {
```

```
        position: relative; /* z-index를 활성화하기 위해 필요 */
        z-index: 2; /* 사진 이미지를 점 무늬보다 앞에 표시 */
}

.pic::before {
        content: '';
        position: absolute;
        bottom: -30px;
        right: -30px;
        width: 100%; /* 감싸고 있는 부모 요소의 폭 100% */
        height: 100%; /* 감싸고 있는 부모 요소의 높이 100% */
        background-image: radial-gradient(
            #ea987e 20%, /* 점의 색과 크기 지정 */
            rgba(0 0 0 / 0) 21%
        );
        background-size: 10px 10px; /* 반복하지 않는 상태에서 background 크기 지정 */
        background-position: right bottom; /* 점 무늬 시작 위치 지정 */
        z-index: 1; /* 점 무늬를 사진 뒤에 표시 */
}
```

## 설명

귀여우면서도 입체 느낌을 주는 점 무늬 디자인입니다. 이미지 밑에 깔면 부드러운 분위기를 연출할 수 있습니다.

이미지(img 태그)를 감싸는 부모 요소를 기준으로 하여, 의사 요소(::before)에 점 스타일을 적용합니다. 먼저 의사 요소의 위치를 설정합니다. position: absolute를 지정하고 bottom: -30px, right: -30px를 사용해 이미지의 오른쪽 밑으로 30px 떨어진 곳에 배치합니다. width: 100%, height: 100%를 사용해 부모 요소의 100% 크기(부모 요소와 같은 크기)를 지정합니다.

background-size는 반복시키지 않은 상태의 background 크기를 가로세로 10px로 지정합니다. 이 값을 조정해 점이나 여백의 크기를 바꿀 수 있습니다.

점(원)은 원형 그레이디언트(radial-gradient)로 만듭니다. #ea987e 20%로 앞에서 설정한 background-size: 10px 10px 크기를 기준으로 했을 때 20%에 해당하는 2px의 원을 표현합니다. rgba(0 0 0 / 0) 21%를 사용해, 21%를 넘는 부분은 투명으로 지정하면 아래 그림과 같은 상태가 됩니다.

```
background-image: radial-gradient(
  #ea987e 20%, /* 점의 색과 크기 지정 */
  rgba(0 0 0 / 0) 21%
);
background-size: 10px 10px;
```

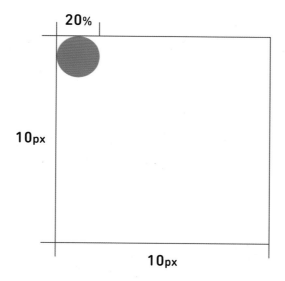

☆ **background-size**와 원형 그레이디언트를 지정한다.

그런데 의사 요소(::before)의 background에 지정된 속성을 보면 점 하나의 모양, 색상, 크기, 위치를 정해 두었지만 어디에도 점이 반복되어 배경을 채운다고 지정하지 않았습니다. 배경의 반복 여부는 background-repeat 속성으로 지정할 수 있지만, background 혹은 background-image만 지정해도 초깃값이 반복 상태이므로 따로 코드를 입력하지 않아도 됩니다.

≪ **background-repeat**의 값을 따로 지정하지 않아도 반복해서 표시된다.

그리고 background-position: right bottom을 이용해 background에서 점 무늬가 시작하는
위치를 오른쪽 아래로 지정합니다.

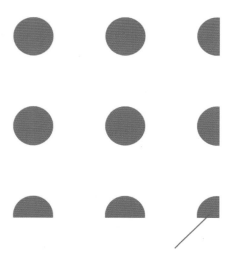

점 무늬의 오른쪽 아래 부분이 잘린다

≪ **background-position**을 지정하지 않으면 왼쪽 위(left top)가 시작 위치가 되므로,
점의 크기에 따라서는 무늬의 오른쪽 아래가 잘려서 어색하다.

점이 시작하는 위치를 오른쪽 아래로 지정하면
잘리지 않는다.

⌃ background-position: right bottom을 사용해 시작 위치를 오른쪽 아래로 지정하면,
점 무늬의 오른쪽 아래 부분이 잘리지 않고 표시된다.

### 주의 사항

앞에서 설명한 것처럼 점 무늬는 점 또는 이미지 크기에 따라, 점의 끝이 잘릴 수 있으므로 미리 확인해
야 합니다.

점이 다소 잘리더라도 크게 상관없다면 샘플의 background-position: right bottom 같이 점 무
늬 시작 지점을 지정하면 눈에 잘 띄는 오른쪽 아래 부분이 깔끔하게 표시됩니다.

# 4 피사체에 그림자 배치하기

## 포인트

☑ 이미지에 투명한 바탕이 있어도 무시하고 피사체에 그림자를 추가할 수 있습니다.

☑ CSS를 이용해 자유롭게 색을 바꿀 수 있습니다.

## 코드

**HTML**
```html
<img src="../images/pic024.png" alt="여성의 사진">
```
--------------------------------------------------------------------------------
**CSS**
```css
img {
    filter: drop-shadow(15px 15px 0 #ea987e);
}
```

## 설명

피사체만 있는 투명 바탕의 이미지에 그림자를 입힌 디자인입니다. 그림자 효과를 표현하려면 일반적으로 포토샵 같은 이미지 편집 툴로 배경을 만들지만 CSS만으로 구현할 수도 있습니다.

배경을 잘라 낸 이미지를 준비하고 filter: drop-shadow로 그림자를 표현합니다.

```
filter: drop-shadow(offset-x offset-y blur-radius color);
```

offset-x는 X축 값, offset-y는 Y축 값을 나타냅니다. 여기에서는 15px씩 오른쪽 아래로 이동해서 표시합니다. blur-radius는 퍼짐 효과의 반지름이고, color는 그림자의 색상을 지정합니다. 여기에서는 퍼짐 효과를 주지 않으므로 blur-radius는 0으로 지정합니다.

## 주의 사항

그림자는 피사체의 모양 그대로 만들어지므로 다음 예시처럼 그림자가 피사체와 너무 떨어져 있으면 결과물이 어색해 보일 수 있습니다.

피사체의 상반신만 있고 하반신이 잘려 있을 때 그림자를 위쪽으로 올리면 이미지의 아래 부분이 잘려 보여 어색할 수도 있습니다. 따라서 그림자를 이동할 방향은 피사체에 맞춰 조정합니다.

# 5 대각선으로 이미지에 프레임 만들기

## 포인트

☑ 단순한 디자인이면서도 재미있는 느낌을 줄 수 있습니다.

☑ 대각선의 굵기를 이용해 이미지를 바꿀 수 있습니다.

☑ 다양한 이미지 크기에 대응합니다.

## 코드

**HTML**

```html
<div class="pic">
    <img src="../images/pic026.jpg" alt="커피를 마시는 여성의 사진">
</div>
```

--------------------------------------------------------------------------------

**CSS**

```css
.pic {
  position: absolute; /* 의사 요소 기준 */
}
```

```
.pic::after {
  content: '';
  position: absolute;
  top: 50%;
  left: 50%;
  transform: translate(-50%, -50%);
  width: calc(100% + 20px);
  /* 왼쪽과 오른쪽의 대각선 프레임 절반 값x2를 더하는 계산 식 */
  height: calc(100% + 20px);
  /* 위와 아래의 대각선 프레임 절반 값x2를 더하는 계산 식 */
  border-image-source: repeating-linear-gradient(
    45deg, /* 45도 회전 */
    #ea987e 0px, #ea987a 2px, /* 선에 색과 굵기 지정 */
    rgba(0 0 0 / 0) 2px, rgba(0 0 0 / 0) 7px /* 여백(투명) 부분 */
  );
  border-image-slice: 20; /* border 네 변의 사용 범위를 지정 */
  border-width: 20px; /* 테두리 폭 */
  border-image-repeat: round; /* 타일 형태로 반복해서 표시 */
  border-style: solid; /* 실선으로 표현 */
}
```

## 설명

사진에 입체감을 줄 때 이용하는 디자인입니다. 프레임은 의사 요소(::after)를 이용해 구현합니다.

요소를 둘러싼 테두리에 이미지를 지정하는 border-image 프로퍼티를 사용해 이미지 테두리를 따라 줄무늬 배경을 넣으려고 합니다. 먼저 border-image-source에 repeating-linear-gradient 로 대각선을 표현합니다.

45deg로 대각선의 각도를 지정하고, #ea987e 0px과 #ea987e 2px로 대각선의 색과 굵기(2px) 를 지정하며, rgba(0 0 0 / 0) 2px과 rgba(0 0 0 / 0) 7px로 투명한 여백을 지정해 대각선 줄무늬 를 표현합니다.

border는 대각선 프레임의 중심선을 나타냅니다. border-width: 20px로 border의 굵기를 지정 하고 border-image-slice: 20으로 border 네 변의 사용 범위를 지정합니다. border-image-repeat: round로 타일 형태로 반복해서 표시합니다.

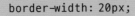

```
border-width: 20px;
```

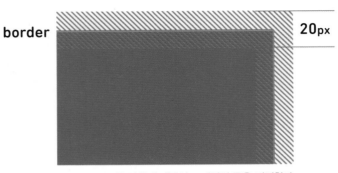

☆ **border-width**를 사용해 대각선 프레임의 폭을 지정한다.

이제 대각선 프레임을 표현할 수 있습니다. 다음으로 프레임의 위치를 지정합니다.

top: 50%와 left: 50%, transform: translate(-50%, -50%)를 이용해 상하좌우의 중앙에 배치합니다.

width: calc(100% + 20px)와 height: calc(100% + 20px)을 이용해서 네 변을 각각 10px(border-width: 20의 절반 값)씩 바깥쪽으로 넓힙니다.

```
width: calc(100% + 20px);
height: calc(100% + 20px);
```

☆ 대각선 프레임의 **border-width** 값의 절반만큼 안쪽으로 들어가게 배치한다.

width와 height를 이미지의 크기와 동일하게 100%로 지정하면 다음과 같이 사진 안쪽에 배치됩니다. 따라서 바깥쪽으로 10px씩 이동하기 위해 계산 식 calc로 계산해서 배치합니다.

```
width: 100%;
height: 100%;
```

⌃ 대각선 프레임의 가로세로 크기를 100%로 지정했을 때 모습

대각선의 색을 바꾸면 느낌이 완전히 달라집니다. 웹사이트 전체 테마 색상에 맞춰 지정하면 효과를 높일 수 있습니다.

⌃ 대각선 색에 #256388을 지정

⌃ 대각선 색에 #d1a833을 지정

# 6 사진 모서리를 삼각형으로 꾸미기

## 포인트

- ☑ 조금만 꾸며도 시선을 끄는 디자인입니다.
- ☑ 색을 조정하며 분위기를 바꿀 수 있습니다.

## 코드

**HTML**
```html
<div class="pic">
    <img src="../images/pic030.jpg" alt="카페 안의 커피 사진">
</div>
```

**CSS**
```css
.pic {
    position: absolute; /* 의사 요소 기준 */
}

.pic::before,
```

Web Design Idea Recipe

```
.pic::after {
    content: '';
    position: absolute;
    width: 0px; /* 의사 요소에는 상자 크기를 지정하지 않음 */
    height: 0px; /* 의사 요소에는 상자 크기를 지정하지 않음 */
}

.pic::before {
    top: -10px; /* 기준 위쪽부터 -10px 이동 */
    right: -10px; /* 기준 오른쪽부터 -10px 이동 */
    border-top: 30px solid #ea987e;
    border-right: 30px solid #ea987e;
    border-bottom: 30px solid rgba(0 0 0 / 0);
    border-left: 30px solid rgba(0 0 0 / 0);
}

.pic::after {
    bottom: -10px; /* 기준 아래쪽부터 -10px 이동 */
    left: -10px; /* 기준 왼쪽부터 -10px 이동 */
    border-top: 30px solid rgba(0 0 0 / 0);
    border-right: 30px solid rgba(0 0 0 / 0);
    border-bottom: 30px solid #ea987e;
    border-left: 30px solid #ea987e;
}
```

## 설명

소소하게 이미지를 꾸미고 싶을 때 사용하는 삼각형 장식입니다. 테마 색상이나 같은 계열의 색을 칠하면 디자인에 강조 효과를 줄 수 있습니다.

의사 요소인 ::before와 ::after에 width: 0px, height: 0px을 지정하고 border 부분을 각각 30px로 지정함으로써 다음 그림과 같이 표시할 수 있습니다. 여기에서는 알기 쉽도록 위치마다 색을 바꿨습니다.

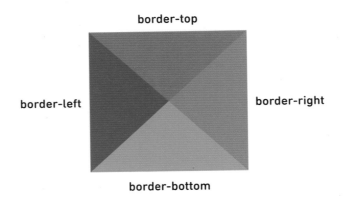

최종적으로 표현할 삼각형 모양에 맞춰 색을 지정해서 표현합니다.

의사 요소 ::before는 오른쪽 위 삼각형으로, border-top과 border-right에 색을 지정하고
border-bottom과 border-left를 투명으로 지정해서 ◥ 삼각형을 만듭니다.

```css
.pic::before {
    border-top: 30px solid #ea987e;
    border-right: 30px solid #ea987e;
    border-bottom: 30px solid rgba(0 0 0 / 0);
    border-left: 30px solid rgba(0 0 0 / 0);
}
```

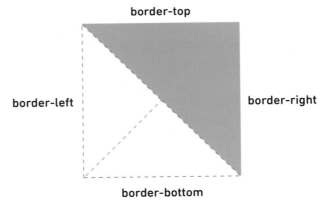

▲ 오른쪽 위의 삼각형을 의사 요소 ::before의 border를 이용해 표현한다.

그리고 의사 요소 ::after는 왼쪽 아래의 삼각형으로, border-bottom과 border-left에 색을 지정하고 border-top과 border-right를 투명으로 지정해서 ◣ 삼각형을 만듭니다.

```
.pic::after {
    border-top: 30px solid rgba(0 0 0 / 0);
    border-right: 30px solid rgba(0 0 0 / 0);
    border-bottom: 30px solid #ea987e;
    border-left: 30px solid #ea987e;
}
```

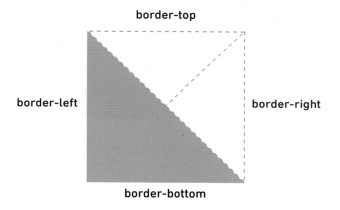

△ 왼쪽 아래의 삼각형을 의사 요소 ::after로 표현한다.

마지막으로 두 삼각형을 배치합니다. 의사 요소에 position: absolute를 지정하고, 오른쪽 위 삼각형에는 top: -10px과 right: -10px, 왼쪽 아래 삼각형에는 bottom: -10px과 left: -10px를 지정해 이미지에서 약간 떨어진 위치에 표시되도록 설정합니다.

# 7 사진 모서리를 액자처럼 꾸미기

## 포인트

- ☑ 단순하게 디자인을 마무리할 때 추천합니다.
- ☑ 이미지를 변경하지 않고 꾸밀 수 있습니다.

## 코드

**HTML**
```html
<div class="pic">
    <img src="../images/pic034.jpg" alt="이야기를 나누고 있는 그룹">
</div>
```
----------------------------------------------------------------------
**CSS**
```css
.pic {
    position: absolute; /* 의사 요소 기준 */
}

.pic::before,
```

Web Design Idea Recipe

```css
.pic::after {
    content: '';
    position: absolute;
    transform: rotate(-35deg); /* -35° 회전 */
    width: 70px;
    height: 25px;
    background-color: #fff; /* 배경색과 같은 색을 지정 */
}

.pic::before {
    top: -10px;
    left: -25px;
    border-bottom: 1px solid #aaa; /* 배경색에 맞춰 회색 선으로 끊어짐을 표현 */
}

.pic::after {
    bottom: -10px;
    right: -25px;
    border-top: 1px solid #aaa; /* 배경색에 맞춰 회색 선으로 끊어짐을 표현 */
}
```

## 설명

세련된 느낌의 사진 앨범에서 볼 수 있는 디자인으로, 절취선에 사진을 끼워 고정시킨 것처럼 표현했습니다.

절취선은 의사 요소를 이용해 표현합니다. 의사 요소 ::before와 ::after로 70px×25px인 상자 2개를 만듭니다. 크기는 사진에 맞춰 조정합니다.

transform: rotate(-35deg)를 이용해 -35° 회전하고, background-color에는 배경색과 같은 색(예시에서는 흰색 #fff)을 지정합니다.

position: absolute를 지정하고, 왼쪽 위 절취선(::before)에는 top: -10px과 left: -25px, 오른쪽 아래 절취선(::after)에는 bottom: -10px과 right: -25px을 각각 지정해서 배치합니다. 위치 값도 사진 크기나 의사 요소 크기(width와 height)에 맞춰 조정합니다.

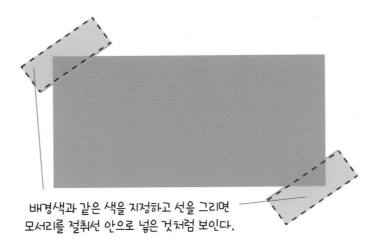

배경색과 같은 색을 지정하고 선을 그리면
모서리를 절취선 안으로 넣은 것처럼 보인다.

그림과 같이 모서리에 겹쳐서 가리듯 배치함으로써 절취선 안으로 끼워 넣은 것처럼 보이게 합니다.

배경색이 단색일 때는 문제가 없지만, 그러데이션(gradation)이나 이미지 배경 또는 텍스처일 경우에는 앞과 같이 표현할 수 없습니다. 그럴 때는 border-top과 border-bottom을 삭제하고 background-color에 색을 입혀 사진을 테이프로 붙인 것 같이 표현할 수도 있습니다.

≪ 의사 요소에 background-color: #ea987e를 지정하면 테이프로 붙인 것처럼 보이게 할 수도 있다.

# 8 로고의 흰 배경을 투과시키기

## 포인트

☑ 흰 배경이 있는 로고 이미지의 배경을 투과시킬 수 있습니다.

☑ 번거롭게 포토샵을 사용하지 않아 간편합니다.

## 코드

`HTML`
```html
<div class="logo-background">
    <div class="logo">
        <img src="../images/pic037-logo.png" alt="커피숍 로고 이미지">
    </div>
</div>
```
------------------------------------------------------------------
`CSS`
```css
html, body {
    height: 500px; /* 배경 이미지 높이를 500px로 고정 */
}
img {
    mix-blend-mode: multiply; /* 로고 이미지의 흰 배경색을 투과 */
}
```

```
.logo-background {
    height: 100%;
    display: flex;
    justify-content: center; /* 배경 이미지를 좌우 중앙 배치 */
    align-items: center; /* 배경 이미지를 상하 중앙 배치 */
    background-image: url("../images/pic037.jpg"); /* 배경 사진 지정 */
    background-size: auto 100%;
    background-repeat: no-repeat;
    background-position: center center;
}

.logo {
    display: flex;
    justify-content: center; /* 로고 이미지를 좌우 중앙 배치 */
    align-items: center; /* 로고 이미지를 상하 중앙 배치 */
}
```

## 설명

로고를 배경 이미지에 앉힐 때 로고의 배경이 흰색인 경우가 있습니다. 보통 이럴 때 포토샵으로 배경을 투명하게 따 내고 PNG 파일로 저장합니다. 하지만 사실 CSS만으로도 흰 배경을 투과시킬 수 있습니다.

HTML 예제 코드를 보면 배경 이미지를 지정하는 logo-background 클래스 안에 로고 이미지를 담은 logo 클래스가 있습니다. 이 상태로 이미지의 크기와 위치를 지정하면, 카페 배경 이미지 위에 흰 배경의 로고가 그대로 나타납니다.

우선 바꾸고 싶은 로고 이미지 요소에 mix-blend-mode를 지정합니다. 이 속성은 포토샵의 혼합 모드와 같은 효과를 나타내며, 배경에 이미지나 텍스트가 겹칠 때 표시할 방법을 지정할 수 있습니다.

흰 배경을 투과시킬 때는 mix-blend-mode: multiply를 이용합니다. 이것은 포토샵으로 말하면 블렌딩 모드의 '곱하기(Multiply)'에 해당합니다. 곱하기 모드에서 이미지의 흰 부분과 다른 이미지가 겹쳐지면 색이 있는 부분만 겹쳐지고 흰색 부분만 사라지므로, 로고의 흰색 배경을 투과시킬 수 있습니다.

## 주의 사항

이 기법은 로고 마크가 검은색이고 배경이 흰색일 때만 구현할 수 있습니다.

```
<img src="../images/pic037-logo-gray.png"
alt="커피 회색 로고">
```

>> 로고 마크가 회색(#aaa)인 경우에는
로고 마크도 투과된다.

```
<img src="../images/pic037-logo-background-
gray.png" alt="커피 로고 회색 배경">
```

>> 배경이 회색(#eee)이라면
배경이 반투명이 된다.

```
<img src="../images/pic037-logo-background-
redish.png" alt="커피 로고 주황 배경">
```

>> 배경에 색이 있는 경우에는
색을 포함한 반투명 배경이 된다.

# 9 대각선을 활용한 사진 필터 만들기

## 포인트

✓ 카피 문구를 배치하는 배경으로 이용할 수 있습니다.

✓ 대각선의 색상에 따라 아날로그 느낌을 나타낼 수 있습니다.

## 코드

`HTML`
```html
<div class="pic">
    <img src="../images/pic040.jpg" alt="타이프라이터 사진">
</div>
```
------------------------------------------------------------------------

`CSS`
```css
.pic {
    position: absolute; /* 대각선 필터 배치 기준 */
}
```

Web Design Idea Recipe

```
.pic img {
    display: block; /* 이미지의 불필요한 여백 처리 */
}

.pic::before {
    content: '';
    position: absolute;
    top: 0px;
    left: 0px;
    width: 100%;
    height: 100%;
    background-image:
        repeating-linear-gradient(
            -45deg, /* -45° 회전 */
            rgba(201 72 31 / .6) 0px, rgba(201 72 31 / .6) 1px, /* 반투명 선 */
            rgba(0 0 0 / 0) 0%, rgba(0 0 0 / 0) 50% /* 여백(투명) 부분 */
        );
    background-size: 6px 6px;
}
```

## 설명

사진 위에 대각선으로 나타낸 필터를 겹친 디자인입니다.

브랜드 소개 이미지나 웹사이트 맨 하단 푸터(footer)의 배경에 사진을 이용할 때가 있습니다. 이때 사진 배경 위에 그냥 텍스트를 앉히면 읽기 어려울 수도 있습니다. 일반적으로 사진에 반투명한 배경색을 입히기도 하지만, 배경 사진을 인상적으로 표현하고 싶을 때는 대각선 필터를 추천합니다. 테마 색상으로 지정하면 페이지 전체에 통일감을 줄 수 있습니다.

사진을 포함하는 부모 요소에 position: absolute로 대각선 필터를 배치할 기준을 만듭니다. 대각선은 background-image: repeating-linear-gradient로 표현합니다.

이번 예시에서는 rgba(201 72 31 / .6)을 0px부터 1px 위치까지 지정했습니다. rgba( 0 0 0 / 0 ) 0%, rgba( 0 0 0 / 0 ) 50%로 투명도를 지정해 여백을 나타냅니다. -45deg로 선을 기울여서 대각선 필터를 완성합니다.

# 10 점을 활용한 사진 필터 만들기

## 포인트

☑ 독특한 느낌을 전달할 수 있습니다.

☑ 화질이 낮은 사진이나 동영상에 효과적입니다.

## 코드

**HTML**
```html
<div class="pic">
    <img src="../images/pic042.jpg" alt="자동차 그릴 사진">
</div>
```
------------------------------------------------------------
**CSS**
```css
.pic {
    position: absolute; /* 점 필터 기준 */
}

.pic img {
```

```
    display: block; /* 이미지의 불필요한 여백 제거 */
}

.pic::before {
    content: '';
    position: absolute;
    top: 0px;
    left: 0px;
    width: 100%;
    height: 100%;
    background-image:
        radial-gradient(rgba(201 72 31 / .6) 30%, rgba(0 0 0 / 0) 31%),
        /* 점의 색과 크기 표현 */
        radial-gradient(rgba(201 72 31 / .6) 30%, rgba(0 0 0 / 0) 31%);
        /* 점의 색과 크기 표현 */
    background-size: 6px 6px;
        /* 반복하지 않은 상태에서 background 크기 지정 */
    background-position: 0px 0px, 3px 3px; /* 점 위치 지정 */
}
```

## 설명

대각선 필터와 마찬가지로 배경 사진으로 이용하는 점 무늬 필터 디자인입니다. 대각선은 날카로운 인상을 주지만, 점은 아기자기한 인상을 줍니다.

이미지(img 태그)를 포함하는 부모 요소(pic)를 기준으로, 의사 요소(::before)에 점 스타일을 적용합니다.

먼저 의사 요소의 위치를 설정합니다. position: absolute를 지정하고 top: 0px과 left: 0px로 기준에 맞춥니다. width: 100%와 height: 100%를 이용해 부모 요소의 100% 크기(즉, 부모 요소와 같은 크기)를 지정합니다.

background-size는 점(원)을 반복하지 않은 상태에서 background의 크기입니다. 이 크기를 조정해 점과 여백의 크기를 변경할 수 있습니다.

점은 원형 그레이디언트(radial-gradient)로 만듭니다. rgba(201 72 31 /. 6 ) 30%를 이용해 앞에서 설정한 background-size: 6px 6px 기준 크기의 30%에 해당하는 지름 1.8px의 원을 표현합니다. rgba(0 0 0 / 0) 31%로 투명도를 지정하면 다음 그림과 같은 상태가 됩니다.

```
background-image:
radial-gradient(rgba(201 72 31 / .6) 30%, rgba(0 0 0 /
0) 31%);
background-size: 6px 6px;
```

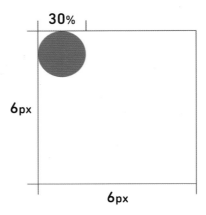

☆ **background-size**와 원형 그레이디언트 상태

background-repeat의 초깃값이 repeat이므로 따로 속성을 지정하지 않아도 원이 반복 표시됩니다.

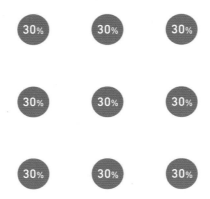

☆ **background-repeat**에서 아무것도 지정하지 않으면 반복 표시된다.

그리고 점 무늬의 밀도를 높이기 위해 원 개수를 늘립니다. 쉼표(,)로 구분한 radial-gradient
(rgba(201 72 31 /. 6) 30%, rgba(0 0 0 / 0) 31%)를 추가하면 background-size: 6px 6px
기준 안에 하나의 원이 더 표시됩니다.

그리고 작성한 2개의 원을 background-size 기준 안에서 어디에 배치할 것인지 background-position: 0px 0px, 3px 3px로 지정합니다. 여기에서는 왼쪽 위부터 0px 0px 위치에 1개, 3px 3px 위치에 1개 배치했습니다.

```
background-position: 0px 0px, 3px 3px;
```

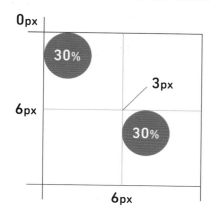

⩘ **background-position**에 2개 값을 지정한 예

그리고 background-repeat의 초깃값이 repeat이므로 아무런 값을 지정하지 않으면 위 그림의 상태가 반복되어 표시됩니다.

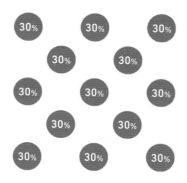

⩘ 점 사이 여백이 균일하고 점의 밀도가 높은 배경이 된다.

이것으로 예시와 같이 밀도가 낮은 점 배경을 만들 수 있습니다. 이미지에 맞춰 점(원)이나 여백 크기를 조정해 보세요.

# 11 흐림, 회색조, 세피아 사진 필터 만들기

사진 위에 텍스트를 표시할 때 사진에 필터를 적용해 텍스트를 눈에 잘 띄게 할 수 있습니다. 여기에서는 filter를 이용한 구현 방법을 소개합니다.

### 흐림(blur)

흐림 효과(blur)는 사진을 흐릿하게 만들 때 이용합니다. 값을 변경해 흐릿함의 정도를 조정할 수 있습니다.

### 코드

```
HTML
<img src="../images/pic046.jpg" alt="두 여성의 사진">
```
```
CSS
img {
    filter: blur(2px);
}
```

## 회색조(grayscale)

grayscale을 이용하면 사진을 회색조로 변경할 수 있습니다. 값을 변경해 회색조의 정도를 조정할 수 있습니다.

### 코드

**HTML**
```
<img src="../images/pic046.jpg" alt="두 여성의 사진">
```
--------------------------------------------------------------------------
**CSS**
```
img {
    filter: grayscale(100%);
}
```

## 세피아(sepia)

sepia를 이용하면 사진을 갈색조로 변경할 수 있습니다. 값을 변경해 갈색조의 정도를 조정할 수 있습니다.

### 코드

`HTML`
```html
<img src="../images/pic046.jpg" alt="두 여성의 사진">
```
-------------------------------------------------------------------------
`CSS`
```css
img {
    filter: sepia(100%);
}
```

## 여러 값을 조합해서 더욱 다양한 필터 만들기

filter에는 여러 값을 조합해서 적용할 수 있습니다. 값에 맞춰 filter가 적용되는 상태를 조정할 수 있습니다. 다음과 같이 흐림 효과와 회색조를 함께 지정해 보세요.

### 코드

```css
CSS
img {
  filter: blur(2px) grayscale(100%);
}
```

### 주의 사항

filter 프로퍼티를 이용하는 경우, 값을 제대로 지정하지 못하면 사진의 고유한 매력이 떨어지므로, 적절하게 조정해야 합니다.

**흐림**

⟰ **filter: blur(10px)**을 적용하면 지나치게 흐려서 사진을 알아볼 수 없다.

**회색조**

⟰ **filter: grayscale(50%)**를 적용하면 물 빠진 색처럼 보인다.

**세피아**

⟰ **filter: sepia(50%)**를 적용하면 화질이 열화된 사진으로 보인다.

# 12 사진 형태를 마음대로 수정하기

## 포인트

- ☑ 부드러운 느낌을 줄 수 있습니다.
- ☑ border-radius 코드 한 줄로 구현할 수 있습니다.

## 코드

**HTML**
```html
<img src="../images/pic050.jpg" alt="카페에 앉아 있는 여성의 사진">
```
----------------------------------------------------------------
**CSS**
```css
img {
    border-radius: 30% 70% 70% 30% / 30% 30% 70% 70%;
}
```

## 설명

부드러운 느낌을 주는 border-radius를 이용한 디자인입니다. 이미지 형태를 바꾸면 웹사이트 전체의 분위기를 조화롭게 할 수 있습니다. 다음은 개성적인 둥근 사각형을 구현하는 방법입니다.

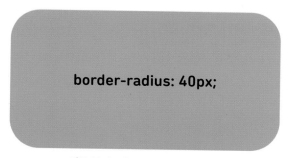

∧ 자주 볼 수 있는 border-radius의 예

border-radius에 값을 하나만 입력하면 4개의 모서리에 일괄 적용됩니다. 이는 축약된 표기이며 다음과 같이 풀어서 쓸 수 있습니다.

- `border-top-left-radius: 40px;`
- `border-top-right-radius: 40px;`
- `border-bottom-right-radius: 40px;`
- `border-bottom-left-radius: 40px;`

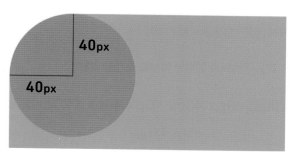

∧ **border-top-left-radius: 40px을 지정한다.**

border-top-left-radius: 40px은 그림과 같이 모서리의 반지름이 40px인 크기로 구현되며 모서리마다 따로 지정할 수 있습니다.

사각형의 모서리를 타원으로 지정하려면 boder-radius: 40px 20px과 같이 가로와 세로 반지름을 따로 표기하며, 이 값은 다음과 같이 풀어서 쓸 수 있습니다.

- border-top-left-radius: 40px 20px;
- border-top-right-radius: 40px 20px;
- border-bottom-right-radius: 40px 20px;
- border-bottom-left-radius: 40px 20px;

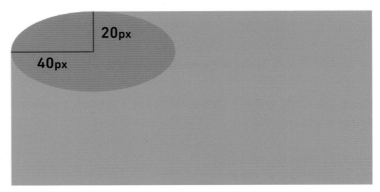

⌃ **border-top-left-radius**의 가로세로 반지름 값을 각각 다르게 지정하면
더욱 다양한 형태의 모서리를 만들 수 있다.

그림에서 쉽게 알 수 있듯 40px과 20px을 함께 지정했습니다. 원의 가로 축(X축)과 세로 축(Y축) 순서로 지정해서 모서리의 둥근 형태를 바꿀 수 있습니다.

가로 축과 세로 축의 값을 간략하게 입력한 예시를 소개합니다.

**border-radius: 40px 40px 40px 40px / 20px 20px 20px 20px;**

가로 축의 값                    세로 축의 값

이를 이용하면 모서리의 둥근 모양을 독특하게 만들 수 있습니다.

값을 px로 지정하면 이미지 크기가 변경될 때 border-radius 값도 맞춰서 변경해야 하므로 번거롭습니다. 하지만 값을 % 단위로 입력하면 이미지 크기가 달라져도 대응할 수 있으므로 %를 이용해야 코드를 재사용할 때 편리합니다.

```
border-radius: 30% 70% 70% 30% / 30% 30% 70% 70%;
```

︽ **border-radius**의 X축과 Y축을 세세히 지정하면 독특한 프레임이 된다.

이런 프레임을 직접 만들기는 쉽지 않으므로 Fancy Border Radius라는 테두리 생성기 웹사이트 (9elements.github.io/fancy-border-radius)를 이용하면 편리합니다. 여기서 결과물을 보면서 border-radius 값을 직관적으로 조작해서 원하는 모양을 손쉽게 만들 수 있습니다.

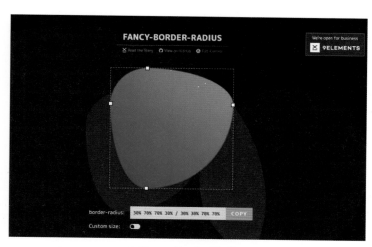

︽ Fancy Border Radius

# 13 글자 모양 안에 그림 넣기

## 포인트

☑ 글자 모양을 인상적으로 표현할 수 있습니다.

☑ 웹사이트의 브랜드가 연상되는 단어를 이용하면 더욱 효과적입니다.

## 코드

**HTML**

```html
<div class="backgroundclip">COFFEE</div>
```

----------------------------------------------------------------------

**CSS**

```css
.backgroundclip {
    background-clip: text; /* background-clip 대상을 텍스트로 지정 */
    -webkit-background-clip: text; /* background-clip의 대상을 텍스트로 지정
    (Firefox 이외의 최신 브라우저에 대응) */
    background-image: url(../images/pic054.jpg); /* 잘라낼 배경 이미지 */
    background-repeat: no-repeat;
    background-size: 100% cover;
    color: rgba(0 0 0 / 0); /* 텍스트 색상을 투명으로 지정 */
    font-size: 200px;
    font-weight: 700;
    text-transform: uppercase; /* 텍스트를 대문자로 변경 */
}
```

## 설명

포토샵에서 쓰는 클리핑 마스크(clipping mask)를 CSS로 구현하는 기법입니다. 메인 이미지의 영문 텍스트에 독특한 디자인을 시도할 때 효과적입니다.

background-clip: text를 적용하면 background-image에 지정한 이미지를 텍스트 형태로 잘라 낼 수 있습니다.

클리핑 대상이 될 텍스트

클리핑할 이미지

☆ 클리핑 대상 텍스트와 이미지를 준비한다.

☆ 텍스트 형태에 맞춰 이미지를 잘라낸다(클리핑).

이 상태에서는 이미지가 텍스트의 형태로 잘렸지만 아직 보이지는 않습니다. color: rgba(0 0 0 / 0) 으로 텍스트 색상을 투명으로 지정해 이미지가 글자 모양 안에 나타나게 합니다.

## 주의 사항

브라우저에서 새로운 기능을 추가하면 이전 버전의 브라우저에서도 해당 기능을 인식할 수 있도록 코 드 앞에 접두사를 붙이는데 이것을 벤더 프리픽스(vendor prefix)라고 합니다. background-clip: text는 Firefox에만 완전히 대응하는 신기능입니다. 그래서 그 앞에 벤더 프리픽스 -webkit-를 입력 해야 합니다(2022년 1월 기준).

구글이 개발한 정적 이미지 형식인 WebP(웹피)의 파일 크기는 비가역 압축 모드를 이용하면 JPG보다 25~34% 정도 작고, 가역 압축 모드를 이용하면 PNG보다 28% 정도 작습니다. 따라서 모바일 환경을 우선적으로 고려해서 디자인한다면 이미지 형식으로 WebP를 쓰는 것이 좋습니다.

## 이미지를 WebP로 변환하는 웹 도구

이미지 파일을 WebP로 변환할 때는 웹 도구를 이용하면 편리합니다.

### Squoosh

변환하고 싶은 이미지 파일을 사이트에 드래그 앤 드롭하고 설정하면 WebP 형식으로 바뀝니다.

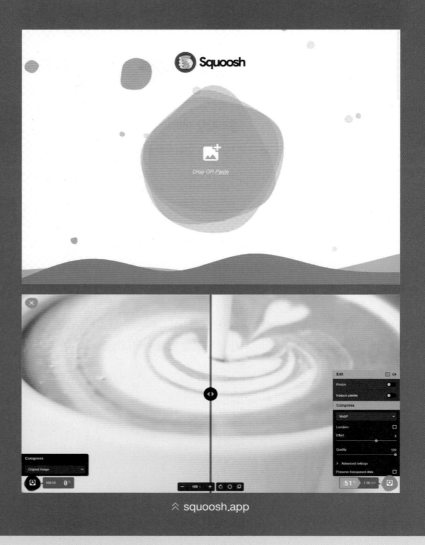

⌃ squoosh.app

## Syncer – WebP 변환 도구

이미지 파일을 드래그 앤 드롭하면 WebP 형식으로 변환됩니다.

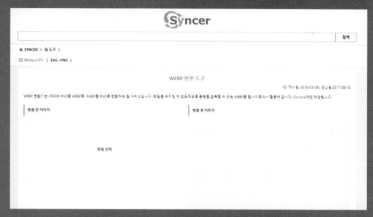

⌃ lab.syncer.jp/Tool/Webp–Converter

## 워드프레스에서 WebP 형식으로 자동으로 변환하는 WebP Express 플러그인

웹사이트 제작 도구인 워드프레스(WordPress)를 이용한다면 플러그인을 이용해 WebP 형식으로 변환할 수 있습니다.

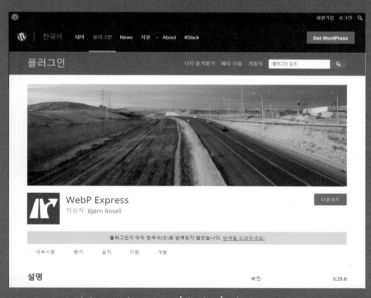

⌃ ko.wordpress.org/plugins/webp–express

플러그인을 설치한 뒤 관리 화면의 [설정] 메뉴에서 [WebP Express]를 선택하고 [Operation mode]에서 [Varied image responses]를 선택합니다.

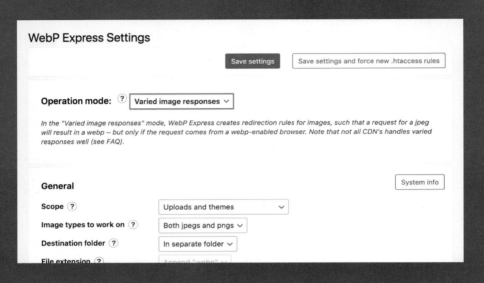

[Alter HTML?] 항목에 체크하면 'Replace 〈img〉 tags with 〈picture〉 tags, adding the webp to srcset.'이 적용됩니다. 이에 따라 WebP에 대응하는 브라우저에서는 WebP 형식, 그렇지 않은 브라우저에서는 원래 이미지 형식으로 표시됩니다.

## WebP 변환용 포토샵 WebPShop 플러그인

포토샵 같은 이미지 편집 소프트웨어는 이미지 파일을 WebP 형식으로 저장하는 기능이 아직 없습니다. 하지만 포토샵에서 WebPShop라는 플러그인을 따로 설치하면 이미지 파일을 '다른 이름으로 저장'할 때 WebP 형식으로 저장할 수 있습니다.

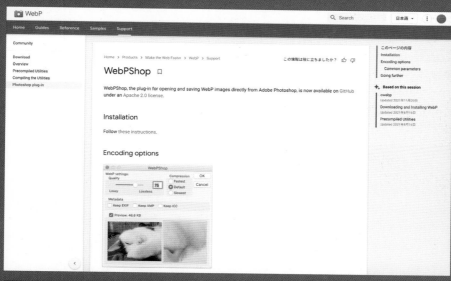

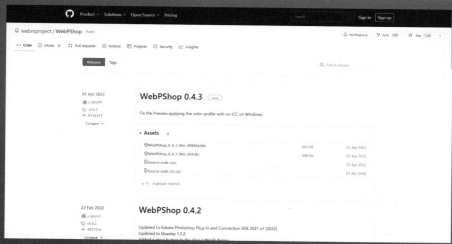

developers.google.com/speed/webp/docs/webpshop

## WebP 이미지용으로 HTML 마크업하기

WebP 형식으로 변환한 이미지를 표시하기 위해 HTML로 마크업합니다. macOS를 쓰는 경우 사파리에서는 Big Sur 이후, iOS용 사파리에서는 iOS 14 이후에만 대응하므로 picture 태그를 이용해서 분류합니다.

**코드**

```html
[HTML]
<picture>
    <source type="image/webp" srcset="image.webp">
    <img src="image.jpg" alt="">
</picture>
```

source 태그의 srcset으로 WebP 이미지를 표시하며, WebP에 대응하지 않는 브라우저에서는 img 태그가 표시됩니다.

워드프레스에서는 앞에서 설명한 WebP Express 플러그인을 이용하면 분할된 HTML 태그가 자동으로 작성되므로 편리합니다.

# 제목과 텍스트 디자인

웹 콘텐츠 안에서 섹션을 나누는 제목이나
전달할 메시지를 강조하는 등
중요한 텍스트를 꾸미는 방법을 소개합니다.

# **1** 제목과 의사 요소로 두 가지 색의 선 꾸미기

# 채용 정보에 관하여

## 포인트

- ☑ 기업이나 의료기관 웹사이트에서 자주 쓰는 디자인이며, 간단한 방법으로 제목을 눈에 띄게 할 수 있습니다.
- ☑ 의사 요소를 이용해 색이 있는 선의 폭을 고정시켜 간단히 조정할 수 있습니다.

## 코드

`HTML`
```html
<h2 class="heading">채용 정보에 관하여</h2>
```
--------------------------------------------------------------------------------
`CSS`
```css
.heading {
    position: absolute; /* 의사 요소 기준 */
    padding-bottom: 24px;
    width: 100%;
    font-size: 36px;
    border-bottom: 5px solid #c7c7c7;
}
.heading::after { /* 노란색 선을 의사 요소로 표현 */
    content: '';
```

```
    position: absolute;
    top: 100%; /* 위에서 100% 위치에 배치 */
    left: 0px;
    width: 70px;
    height: 5px;
    background-color: #e5c046;
}
```

**설명**

단순한 모양의 제목을 표현할 때 많이 이용하는 디자인입니다. 테마 색상을 포인트 요소로 이용하면 전체적인 통일감을 주고 시인성도 높일 수 있습니다.

position: absolute로 노란색 선의 기준을 정하고 padding-bottom: 24px로 텍스트와 선 사이의 간격을 지정합니다.

노란색 선 기준

# 채용 정보에 관하여

**padding-bottom: 24px**

≪ 노란색 선을 기준으로 텍스트와 선 사이의 간격을 지정한다.

2개의 선을 준비합니다. .heading에 border-bottom: 5px solid #c7c7c7로 회색 선을 그리고, ::after에 width: 70px, height: 5px, background-color: #e5c046으로 노란색 선을 만듭니다.

회색 선은 그대로 .heading 기준에 맞춰 아래쪽에 배치합니다. 노란색 선의 의사 요소는 position: absolute를 지정하고 top: 100%와 left: 0px로 배치합니다.

**100%**

5px 굵기

**70px**　::after

# 2 제목과 선형 그레이디언트로 두 가지 색의 선 꾸미기

## 채용 정보에 관하여

### 포인트

✔ 텍스트 위주의 콘텐츠를 디자인으로 구분할 때 자주 이용합니다.

✔ 의사 요소 없이 background를 이용해 짧은 코드로 구현합니다.

### 코드

**HTML**
```html
<h2 class="heading">채용 정보에 관하여</h2>
```

**CSS**
```css
.heading {
    padding-bottom: 29px;
    width: 100%;
    font-size: 36px;
    text-align: center;
    background-image: linear-gradient(
        90deg, /* 90° 회전 */
        #c7c7c7 0%, #c7c7c7 45%, /* 선의 회색 부분을 지정 */
        #e5c046 45%, #e5c046 55%, /* 선의 노란색 부분을 지정 */
        #c7c7c7 55%, #c7c7c7 100% /* 선의 회색 부분을 지정 */
    );
    background-size: 100% 5px; /* 선의 폭과 높이 */
}
```

```
        background-repeat: no-repeat;
        background-position: center bottom; /* 배경을 가운데 아래 기준으로 지정 */
}
```

## 설명

일반적인 회사 웹사이트에서 이용하는 두 가지 색의 선 제목 디자인입니다. 앞에서는 border와 의사 요소로 두 가지 색의 선을 표현했습니다. 여기서는 background로 선을 구현하는 방법을 소개합니다.

회색–노란색–회색으로 이어지는 선을 표현하기 위해 linear-gradient를 이용합니다. 기본적으로 linear-gradient의 그러데이션은 위에서 아래 방향으로 그려지므로, 90deg를 지정해 방향을 왼쪽에서 오른쪽으로 변경합니다.

회색(#c7c7c7) 선을 시작 위치 0%부터 45%, 55%에서 100% 위치에 지정합니다. 그 사이 노란색(#e5c046) 선을 45%에서 55%로 지정해 가운데에 배치합니다.

```
background-image: linear-gradient(
  90deg,
  #c7c7c7 0%, #c7c7c7 45%,
  #e5c046 45%, #e5c046 55%,
  #c7c7c7 55%, #c7c7c7 100%
);
```

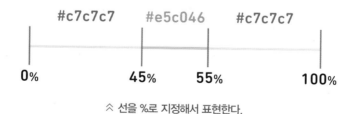

☆ 선을 %로 지정해서 표현한다.

background-size: 100% 5px로 지정해서 폭 100%, 5px 굵기의 선을 그립니다.

background-repeat: no-repeat로 선이 요소 안 전체에 배치되는 것을 막고, background-position: center bottom으로 지정하여 요소 안의 아래쪽 가운데에 배치합니다.

# 3 제목 양 옆을 선으로 꾸미기

## 채용 정보에 관하여

### 포인트

- ☑ 간단하게 2개의 선으로 제목을 디자인합니다.
- ☑ position: absolute가 아닌 Flexbox를 이용해 짧은 코드로 구현합니다.
- ☑ 반응형(responsive)이지만 텍스트가 길면 깨질 가능성이 있으므로 주의합니다.

### 코드

**HTML**
```html
<h2 class="heading">채용 정보에 관하여</h2>
```

**CSS**
```css
.heading {
    display: flex; /* 텍스트와 2개의 선을 가로 배열 */
    justify-content: center; /* 텍스트와 2개의 선을 좌우 중앙 배치 */
    align-items: center; /* 텍스트와 2개의 선을 상하 중앙 배치 */
    font-size: 36px;
}

.heading::before,
.heading::after {
    content: '';
    width: 70px;
    height: 3px;
```

```
    background-color: #e5c046;
}

.heading::before {
    margin-right: 30px; /* 텍스트와 선 사이 간격 */
}

.heading::after {
    margin-left: 30px; /* 텍스트와 선 사이 간격 */
}
```

## 설명

항목을 구분하기 위해 중앙에 제목을 배치하고 양 옆을 선으로 꾸미는 디자인입니다. Flexbox로 간단히 반응형 웹을 구현할 수 있습니다. 반응형 웹이란 다양한 기기의 디스플레이에 맞게 웹사이트 화면이 자동으로 변하는 것을 말합니다. Flexbox를 이용하면 요소의 위치를 고정된 값으로 지정할 필요 없이 화면 크기에 따라 레이아웃이 바뀝니다.

의사 요소 ::before와 ::after로 좌우의 선을 표현합니다. 여기에서는 border가 아니라 background로 표현합니다.

display: flex를 이용해 텍스트와 의사 요소 2개를 가로로 나열하고 justify-content: center와 align-items: center를 이용해 위, 아래, 왼쪽, 오른쪽 중앙에 배치합니다.

# ──채용 정보에 관하여──

≪ **Flexbox**를 이용해 위, 아래, 왼쪽, 오른쪽 중앙에 배치한다.

왼쪽 의사 요소(::before)에 margin-right: 30px, 오른쪽 의사 요소(::after)에 margin-left: 30px로 각각에 margin을 지정해 텍스트와의 간격을 설정합니다.

# 4 효과선으로 제목 꾸미기

## \ 채용 정보에 관하여 /

### 포인트

☑ 특히 강조하고 싶은 콘텐츠의 제목 디자인으로 추천합니다.
☑ Flexbox로 간단하게 구현합니다.

### 코드

**HTML**
```html
<h2 class="heading">채용 정보에 관하여</h2>
```
------------------------------------------------------------------------
**CSS**
```css
.heading {
    display: flex; /* 텍스트와 2개의 선을 가로로 배열 */
    justify-content: center; /* 텍스트와 2개의 선을 좌우 중앙에 배치 */
    align-items: center; /* 텍스트와 2개의 선을 상하 중앙에 배치 */
    font-size: 36px;
}

.heading::before,
.heading::after {
    content: '';
    width: 3px;
    height: 40px;
    background-color: #e5c046;
```

```
    }

    .heading::before {
        margin-right: 30px;
        transform: rotate(-35deg); /* 선을 -35° 회전 */
    }

    .heading::after {
        margin-left: 30px;
        transform: rotate(35deg); /* 선을 35° 회전 */
    }
```

### 설명

콘텐츠를 자연스럽게 돋보이게 표현하는 디자인입니다. 앞에서 소개한 양 옆에 선을 배치한 제목의 코드를 활용해서 선을 대각선으로 회전해서 만화의 효과선 같이 외치는 느낌을 줍니다.

텍스트와 의사 요소로 표현한 2개의 선을 display: flex로 가로로 나열하고 justify-content: center와 align-items: center로 상하좌우 중앙에 배치합니다. 텍스트와 의사 요소 사이의 여백은 각각 margin으로 지정합니다.

# 채용 정보에 관하여

⌃ 텍스트 좌우에 의사 요소로 2개의 선을 표현하고, 텍스트와 선 사이의 여백은 margin으로 지정한다.

transform: rotate(0deg)로 지정하면 세로 선이 됩니다. 세로 선인지 가로 선인지는 회전하는 각도로 결정합니다. 왼쪽 선을 표현한 의사 요소(::before)에는 transform: rotate(-35deg), 오른쪽 선을 표현한 의사 요소(::after)에는 transform: rotate(35deg)를 지정하면 각각의 요소가 회전해서 효과선 느낌의 디자인을 완성합니다.

# 5 영어 필기체를 배경으로 제목 꾸미기

채용 정보에 관하여

## 포인트

- ✔ 제목에 강렬한 인상을 더할 수 있습니다.
- ✔ padding으로 영문자를 배치할 공간을 만들기 때문에 여백을 쉽게 조정할 수 있습니다.

## 코드

**HTML**
```html
<h2 class="heading" data-en="Recruit"><span>채용 정보에 관하여</span></h2>
```
-------------------------------------------------------------------
**CSS**
```css
.heading {
    position: relative; /* 영문 문구 배치 기준 */
    padding-top: 50px; /* 한글 문구의 위쪽 여백 */
    padding-left: 30px; /* 한글 문구의 왼쪽 여백 */
    font-size: 36px;
}

.heading span {
    position: relative; /* z-index를 활성화하기 위해 필요 */
    z-index: 0; /* 한글 문구를 영문 문구 위에 지정 */
```

```
    }

.heading::before { /* 영문 문구를 의사 요소로 표현 */
    content: attr(data-en); /* 데이터 속성 로딩 */
    position: absolute;
    transform: rotate(-5deg); /* 영문 문구를 기울임 */
    top: 0px;
    left: 0px;
    color: #e5c046;
    font-size: 80px;
    font-weight: 400;
    font-family: 'Mrs Saint Delafield', cursive;
}
```

## 설명

영문자 필기체를 조합한 제목 디자인입니다. 여기에서는 구글 폰트인 Mrs Saint Delafield를 이용했습니다. 이 폰트는 fonts.google.com/specimen/Mrs+Saint+Delafield에서 다운로드할 수 있습니다.

다운로드한 폰트를 설치한 뒤 의사 요소 ::before에 content: attr(data-en)으로 HTML에 배치한 data-en="Recruit"를 읽어옵니다. transform: rotate(-5deg)로 텍스트를 비스듬히 회전시켜 손글씨 같은 움직임을 표현했습니다.

'채용 정보에 관하여' 문구 위치는 padding을 이용해 배치합니다.

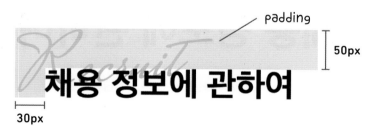

≪ **padding-top: 50px**과 **padding-left: 30px**로 제목 위치를 정한다.

그림과 같이 '채용 정보에 관하여' 문구 왼쪽 위에 padding-top: 50px과 padding-left: 30px을 지정해 여백을 만듭니다.

영문자는 position: absolute, top: 0px, left: 0px을 지정해 앞에서 만든 공간에 배치합니다.

겹쳐진 형태를 바꾸고 싶다면 '채용 정보에 관하여' 문구에 지정한 padding-top: 50px과 padding-left: 30px 값을 변경합니다.

그리고 이 방법을 이용하면 제목 앞뒤의 여백도 쉽게 조정할 수 있습니다.

```css
.heading {
    padding-top: 150px;
    padding-bottom: 100px;
}

.heading::before {
    top: 100px;
    bottom: 100px;
}
```

**앞 요소의 문장입니다. absolute로 배치를 지정하면 여백 조정이 어려워지므로 padding으로 조정하기를 권장합니다.**

이곳의 여백을 쉽게 조정할 수 있다

# 채용 정보에 관하여

이곳의 여백을 쉽게 조정할 수 있다

⌃ 제목 앞뒤의 여백을 쉽게 조정할 수 있다.

# 6 영문자와 가로 선으로 제목 꾸미기

영문자와 선을 조합한 제목은 간단하면서 시인성이 높아 다양한 유형의 웹사이트에서 널리 이용할 수 있습니다. 그중에서도 대표적으로 이용할 수 있는 제목 디자인을 소개합니다.

—— *Recruit*

# 채용 정보에 관하여

## 포인트

☑ 단순하면서도 시인성이 높은 제목 디자인입니다.

## 코드

**HTML**
```html
<h2 class="heading"><span>Recruit</span>채용 정보에 관하여</h2>
```

**CSS**
```css
.heading {
    font-size: 36px;
}

.heading span { /* 영문 텍스트 지정 */
    display: flex;
    align-items: center; /* 영문 텍스트와 선을 상하 중앙 배치 */
    margin-bottom: 10px;
```

```
    color: #e5c046;
    font-size: 28px;
    font-style: italic;
    font-family: 'Montserrat', sans-serif;
}

.heading span::before { /* 노란색 선을 의사 요소로 표현 */
    content: '';
    display: inline-block;
    margin-right: 20px;
    width: 40px;
    height: 1px;
    background-color: #e5c046;
}
```

**설명**

단순하게 선과 영문자를 메인 제목 위에 배치한 디자인입니다. 영문자를 span으로 감싸고 span 의 의사 요소 ::before로 선을 표현합니다. span 안의 텍스트와 의사 요소인 선을 display: flex와 align-items: center로 위, 아래 중앙에 배치합니다.

align-items: center로 위, 아래 중앙에 배치

여기서 사용한 구글 폰트 Montserrat는 font.google.com/specimen/Montserrat에서 다운로드 할 수 있습니다. 혹은 HTML 코드의 link 영역에 아래 코드를 기입하면 해당 웹 폰트를 쓸 수 있습니다.

```
<link rel="preconnect" href="https://fonts.googleapis.com">
<link rel="preconnect" href="https://fonts.gstatic.com" crossorigin>
<href="https://fonts.googleapis.com/css2?
family=Montserrat:ital,wght@1,700&display=swap" rel="stylesheet">
```

# 7 영문자와 밑줄로 제목 꾸미기

Recruit

## 채용 정보에 관하여

### 포인트

☑ 섹션 사이에 여백이 넉넉한 레이아웃에 적합한 제목 디자인입니다.

☑ 단순한 디자인으로 내용 위상을 정리할 때 이용합니다.

### 코드

**HTML**

```html
<h2 class="heading" data-en="Recruit">채용 정보에 관하여</h2>
```

**CSS**

```css
.heading {
    position: relative;
    padding-bottom: 30px;
    font-size: 36px;
    text-align: center;
    background-image: linear-gradient( /* 선을 선형 그레이디언트로 표현 */
        90deg, /* 그러데이션의 방향을 왼쪽에서 오른쪽으로 */
        rgba(0 0 0 / 0) 0%, rgba(0 0 0 / 0) 35%, /* 선의 왼쪽 투명 부분 지정 */
```

```
        #e5c046 35%, #e5c046 65%, /* 선 표현 */
        rgba(0 0 0 / 0) 65%, rgba(0 0 0 / 0) 100% /* 선의 오른쪽 투명 부분 지정 */
    );
    background-size: 100% 2px; /* 선과 투명 부분을 합친 크기 지정 */
    background-repeat: no-repeat;
    background-position: center bottom;
}

.heading::before { /* 영문 텍스트를 의사 요소로 표현 */
    content: attr(data-en); /* 데이터 속성 로딩 */
    display: block;
    margin-bottom: 10px;
    color: #e5c046;
    font-size: 28px;
    font-style: italic;
    font-family: 'Montserrat', sans-serif;
}
```

## 설명

영문자와, background에서 밑줄을 표현한 제목 디자인을 구현합니다. 의사 요소 ::before의 content: attr(data-en)으로 HTML 코드에 기술한 데이터 속성 data-en="Recruit"를 읽어 제목을 꾸밉니다.

그리고 밑줄은 background-image에 선형 그레이디언트(linear-gradient)를 이용해 투명한 선(rgba(0 0 0 / 0))과 노란색 선을 만듭니다.

```
background-image: linear-gradient(
    90deg,
    rgba(0 0 0 / 0) 0%, rgba(0 0 0 / 0) 35%,
    #e5c046 35%, #e5c046 65%,
    rgba(0 0 0 / 0) 65%, rgba(0 0 0 / 0) 100%
);
```

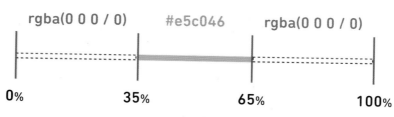

☆ 선의 위치를 %로 지정해서 표현한다.

background-size: 100% 2px로 background의 크기를 가로 100%, 세로 2px로 지정합니다. background가 요소 안에서 반복되지 않도록 background-repeat: no-repeat로 설정합니다. background-position: center bottom으로 하단 중앙에 배치합니다.

이 방법으로 구현한 노란색 선의 가로 폭은 제목 요소 폭의 30%로 고정되므로, PC와 스마트폰에서 각각 값을 바꾸어야 하는 경우가 있습니다. 기기에 관계없이 노란색 선의 가로 폭 크기를 고정해서 표시하려면 의사 요소 ::after를 이용해 선을 표현합니다.

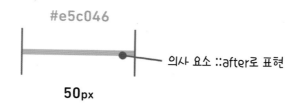

화면 중앙에 가로 폭이 50px로 고정된 선을 나타내려면 다음과 같이 코드를 작성합니다.

**코드**

```css
CSS
.heading {
    position: relative; /* 하단 선 배치 기준 */
    padding-bottom: 30px;
    font-size: 36px;
    text-align: center;
}
```

```css
.heading::before { /* 영문 텍스트를 의사 요소로 표현 */
    content: attr(data-en); /* 데이터 속성 로딩 */
    display: block;
    margin-bottom: 10px;
    color: #e5c046;
    font-size: 28px;
    font-style: italic;
    font-family: 'Montserrat', sans-serif;
}

.heading::after { /* 선을 의사 요소로 표현 */
    content: '';
    position: absolute;
    bottom: 0px; /* 기준 아래 배치 */
    left: 50%; /* 좌우 중앙 배치 */
    transform: translateX(-50%); /* 좌우 중앙 배치 */
    width: 50px;
    height: 2px;
    background-color: #e5c046;
}
```

# 8 반투명 영문자와 대각선으로 제목 꾸미기

*Recruit*

# 채용 정보에 관하여

## 포인트

☑ 강렬한 인상을 주면서도 영문자를 반투명하게 표현해서 제목의 위상을 압도하지 않는 디자인입니다.

☑ 대각선을 배치해 시선을 제목 아래에 있는 콘텐츠로 유도합니다.

## 코드

**HTML**

```html
<h2 class="heading" data-en="Recruit"><span>채용 정보에 관하여</span></h2>
```

**CSS**

```css
.heading {
    position: relative; /* 의사 요소 기준 */
    padding-top: 65px; /* 한글 문구 위쪽 여백 지정 */
    padding-bottom: 50px; /* 한글 문구 아래쪽 여백 지정 */
    font-size: 26px;
    text-align: center;
```

```
    }

    .heading span {
        position: relative; /* z-index 지정을 위해 필요 */
        z-index: 2; /* 영문 문구의 위 계층에 배치 */
    }

    .heading::before { /* 영문 문구를 의사 요소로 표현 */
        content: attr(data-en); /* 데이터 속성 로딩 */
        position: absolute;
        top: 0px; /* 기준 위쪽에 배치 */
        left: 50%; /* 좌우 중앙 배치 */
        transform: translateX(-50%); /* 좌우 중앙 배치 */
        color: rgba(229 192 70 / .3); /* 반투명 글자 색상 지정 */
        font-size: 80px;
        font-style: italic;
        font-family: 'Montserrat', sans-serif;
        z-index: 1;
    }

    .heading::after { /* 대각선을 의사 요소로 표현 */
        content: '';
        position: absolute;
        bottom: 0px; /* 기준 아래 배치 */
        left: 50%; /* 좌우 중앙 배치 */
        transform: translate(-50%) rotate(30deg); /* 좌우 중앙 배치 및 30° 회전 */
        width: 1px;
        height: 40px;
        background-color: #e5c046;
    }
```

**설명**

영문 문구의 글자 크기를 늘리면 다소 강한 느낌을 주지만, 반투명하게 처리해서 부드러운 효과를 내는 디자인입니다.

padding-top: 65px과 padding-bottom: 50px로 요소 안 위아래에 여백을 주고, 반투명한 영문자와 대각선을 배치합니다. 이렇게 하면 텍스트를 배치하기도 쉽고 앞뒤 요소 간의 여백을 조절하기도 쉽습니다.

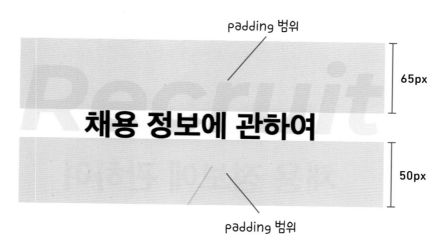

padding 범위

65px

**채용 정보에 관하여**

50px

padding 범위

∧ 한글 문구 위쪽과 아래쪽에 **padding**으로 여백을 만들고,
영문 문구와 대각선의 위치를 조정한다.

반투명한 영문자는 의사 요소 ::before에 content: attr(data-en)과 HTML에서 만든 데이터 속성인 'Recruit'를 읽어 꾸밉니다.

position: absolute와 top: 0px로 요소 안의 위쪽, left: 50%와 transform: translateX (-50%)로 영문자가 좌우 중앙에 배치되도록 지정합니다.

대각선은 의사 요소 ::after에서 position: absolute와 bottom: 0px로 요소 안 아래쪽, left: 50%와 transform: translateX(-50%)로 좌우 중앙에 배치되도록 지정합니다. transform: rotate(30deg)로 30° 회전해 옆으로 기울입니다.

또한 영문자 위에 한글 문구가 위치하도록 한글 문구에 span을 추가하고 z-index를 이용해서 겹치는 순서를 지정합니다. z-index가 없으면 의사 요소인 영문자가 위쪽으로 겹쳐집니다.

# **9** 숫자와 세로 선으로 제목 꾸미기

한 페이지 안에서 흐름을 나타내는 콘텐츠를 게재할 때는 제목에 숫자를 붙이는 디자인이 유용합니다.

01

—

# 채용 정보에 관하여

## 포인트

☑ 여백을 충분히 띄워 여유 있고 감각적인 인상을 줍니다.

☑ 숫자가 눈에 띄어서 흐름을 표현하기에 적합한 제목 디자인입니다.

## 코드

**HTML**
```html
<h2 class="heading" data-number="01">채용 정보에 관하여</h2>
```
--------------------------------------------------------------------------------
**CSS**
```css
.heading {
    position: relative; /* 의사 요소 기준 */
    font-size: 36px;
    text-align: center;
    line-height: 1;
}

.heading::before { /* 숫자를 의사 요소로 표현 */
```

```
    content: attr(data-number); /* 데이터 속성 로딩 */
    display: block;
    margin-bottom: 50px;
    color: #e5c046;
    font-size: 32px;
}

.heading::after { /* 선을 의사 요소로 표현 */
    content: '';
    position: absolute;
    top: 45px;
    left: 50%; /* 좌우 중앙 배치 */
    transform: translateX(-50%); /* 좌우 중앙 배치 */
    width: 1px;
    height: 20px;
    background-color: #e5c046;
}
```

**설명**

과감하게 여백을 준 여유로운 느낌의 제목 디자인입니다. 의사 요소 ::before와 ::after로 각각 숫자와
세로 선을 표현합니다.

의사 요소 ::before에는 content: attr(data-number)로 HTML에서 데이터 속성으로 지정한 01
을 읽어서 표시합니다. margin-bottom: 50px 값은 숫자 아래 배치할 노란색 선과의 여백을 포함해
지정합니다.

≪ 노란색 선을 포함한 여백을 지정한다.

의사 요소 ::after로 작성한 노란색 선에는 position: absolute와 left: 50%, transform: translateX(-50%)로 좌우 중앙 배치하고 top: 45px로 숫자 위쪽에 있는 부모 요소를 기준으로 세로 위치를 지정합니다. 숫자 아래 여백 중앙에 균형을 조정하며 배치합니다. 만약 숫자와 선의 간격을 변경하고 싶을 때는 top: 45px 값을 변경해서 조정합니다.

# 채용 정보에 관하여

⌃ top: 45px 값을 변경하면 숫자와 노란색 선의 간격을 변경할 수 있다.

# 10 숫자와 가로 선으로 제목 꾸미기

01

# 채용 정보에 관하여

## 포인트

- ☑ 위상의 구분이 명확하고, 제목이 확실하게 인식되는 디자인입니다.
- ☑ 위쪽의 가로 선을 background로 표현해 짧은 코드로 구현합니다.

## 코드

**HTML**

```html
<h2 class="heading" data-number="01">채용 정보에 관하여</h2>
```

**CSS**

```css
.heading {
    position: absolute; /* 의사 요소 기준 */
    padding-top: 10px;
    font-size: 36px;
    background-image: linear-gradient( /* 선형 그레이디언트 */
        90deg, /* 90° 회전시켜 그러데이션을 왼쪽에서 오른쪽으로 */
        #e5c046 0%, #e5c046 30%, /* 선 색상 지정 */
        rgba(0 0 0 / 0) 30%, rgba(0 0 0 / 0) 100% /* 투명 부분 지정 */
    );
    background-size: 100% 1px; /* 선의 가로 및 세로 크기 지정 */
```

```
    background-repeat: no-repeat;
    background-position: left top;
}

.heading::before { /* 숫자를 의사 요소로 표현 */
    content: attr(data-number); /* 데이터 속성 로딩 */
    display: block;
    margin-bottom: 20px;
    color: #e5c046;
    font-size: 32px;
    font-weight: 800;
}
```

위쪽에 배치한 노란색 가로 선을 여기에서는 background로 표현했습니다. 선형 그레이디언트 linear-gradient는 기본적으로 위에서 아래로 그러데이션을 적용하므로 90deg를 이용해 왼쪽에서 오른쪽으로 그러데이션을 적용합니다.

#e5c046 0%, #e5c046 30%로 0%(요소 왼쪽 기준)부터 30%의 위치까지 노란색 선을 표현하고 rgba(0 0 0 / 0) 30%, rgba(0 0 0 / 0) 100%로 30%부터 100% 위치까지 투명하게 지정합니다.

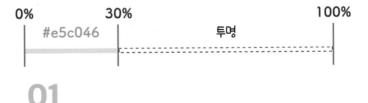

# 채용 정보에 관하여

︽ 노란색 선을 가로 폭 전체의 30% 크기로 지정한다.

background-size: 100% 1px로 가로 100%, 세로 1px 크기를 지정합니다. background-repeat: no-repeat로 배경이 반복되지 않도록 하고 background-position: left top으로 요소

안의 왼쪽 위를 기준으로 지정합니다.

숫자는 의사 요소 ::before로 HTML에 입력한 데이터 속성에서 content: attr(data-number)를
얻어 꾸밉니다.

**10px**

01

**20px**

# 채용 정보에 관하여

⌃ **margin**과 **padding**으로 여백을 지정한다.

위아래 여백은 부모 요소인 heading에서 padding-top: 10px, 의사 요소인 heading::before에
margin-bottom: 20px로 각각 지정합니다.

## 주의 사항

노란색 선의 가로 폭을 가로 전체의 30%로 지정했기 때문에, 화면 크기에 따라서는 의도치 않은 크기
가 될 수 있습니다. 고정 폭으로 지정하려면 .heading에 지정한 background 관련 코드를 모두 삭
제하고 다음 코드를 추가합니다.

## 코드

```
.heading::after {
    content: '';
    position: absolute;
    top: 0px;
    left: 0px;
    width: 70px; /* 노란색 선의 가로 폭을 지정 */
    height: 1px;
    background-color: #e5c046
}
```

# 11 숫자와 밑줄로 제목 꾸미기

01 채용 정보에 관하여

## 포인트

- ☑ 숫자와 밑줄을 이용한 단순한 제목 디자인입니다.
- ☑ 텍스트가 여러 줄이 되더라도 글줄 높이에 맞춰 숫자를 꾸밀 수 있습니다.

## 코드

**HTML**

```html
<h2 class="heading" data-number="01">채용 정보에 관하여</h2>
```

**CSS**

```css
.heading {
    position: relative; /* 의사 요소 기준 */
    padding-left: 2em; /* 한글 문구 왼쪽 여백 지정 */
    padding-bottom: 1em; /* 한글 문구 아래 여백 지정 */
    font-size: 36px;
}

.heading::before { /* 숫자와 아래쪽 선을 의사 요소로 표현 */
    content: attr(data-number); /* 데이터 속성 로딩 */
    position: absolute;
    top: 0px;
    left: 0px;
    padding-bottom: 5px;
```

```
    color: #e5c046;
    font-size: 32px;
    font-weight: 800;
    border-bottom: 1px solid #e5c046;
}
```

**설명**

제목 텍스트와 밑줄을 그은 숫자를 가로로 나열한 디자인입니다. 이 디자인에서는 두 번째 행을 처리하는 데 주의해야 합니다. 텍스트가 길어졌을 때 PC에서 표시하면 1행이지만, 스마트폰에서 표시하면 여러 행이 되는 경우에는 두 번째 행의 시작 위치를 결정해 두는 것이 좋습니다.

여기에서는 두 번째 행의 시작 위치를 텍스트와 같은 위치로 하기 위해 heading { padding-bottom: 1em; }으로 여백을 주었습니다. 여기서 em은 font-size의 배수를 나타내는 상대적인 크기를 말합니다. 그래서 font-size: 36px이면 2em은 72px이 됩니다. 그리고 padding-left: 2em으로 숫자와 텍스트의 간격을 지정했습니다.

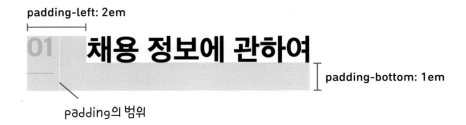

☆ padding-bottom으로 숫자와 밑줄만큼 공간을 두어 제목이 여러 행이 되어도 깔끔하게 표시되게끔 한다.

숫자와 밑줄은 의사 요소로 position: absolute로 지정하고, top: 0px과 left: 0px로 요소의 왼쪽 위에 배치했습니다.

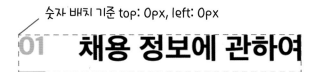

☆ 숫자를 요소의 왼쪽 위에 배치한다.

# 12 반투명 숫자와 밑줄로 제목 꾸미기

## 01 채용 정보에 관하여

### 포인트

- ☑ 숫자를 반투명으로 처리해 느낌을 바꾼 제목 디자인입니다.
- ☑ 숫자 폰트에 따라 다른 느낌을 줄 수 있습니다.

### 코드

**HTML**
```html
<h2 class="heading" data-number="01"><span>채용 정보에 관하여</span></h2>
```
------------------------------------------------------------------------
**CSS**
```css
.heading {
  position: relative; /* 의사 요소 기준 */
  padding: 1em;
  font-size: 36px;
  border-bottom: 2px solid #e5c046;
}

.heading span {
  position: relative; /* z-index의 효과를 나타내기 위해 필요 */
  z-index: 2; /* 한글 문구의 겹침 지정 */
```

```
}

.heading::before { /* 숫자를 의사 요소로 표현 */
  content: attr(data-number); /* 데이터 속성 로딩 */
  position: absolute;
  top: 0px;
  left: 0px;
  color: rgba(229 192 70 / .4); /* 반투명의 글자 색상 지정 */
  font-size: 68px;
  font-weight: 800;
  z-index: 1;
}
```

## 설명

숫자를 반투명으로 처리해 너무 힘을 주지 않고도 눈길을 끄는 제목 디자인입니다.

먼저 '채용 정보에 관하여' 주변에 padding: 1em을 이용해 여백을 줍니다. 그래서 배경이 되는 반투명 숫자를 밑에 내리깔고, 밑줄과 '채용 정보에 관하여' 문구 사이에 공간을 만듭니다.

### 채용 정보에 관하여

padding의 범위

⤊ **padding**으로 여백을 준 제목 텍스트와 밑줄, 숫자의 균형을 조정한다.

숫자는 의사 요소 ::before의 content: attr(data-number)로 HTML에 입력한 데이터 속성을 읽어 꾸밉니다. position: absolute를 지정하고 top: 0px과 left: 0px로 요소 안의 왼쪽 위에 배치합니다.

# 13 대각선으로 제목 꾸미기

요즘은 제목을 화려하게 꾸미기보다는 간단하면서도 시인성이 높은 방식으로 디자인하는 추세입니다. 여기에서는 CSS만 간단히 곁들여 표현하는 방법을 소개합니다.

## 채용 정보에 관하여

### 포인트

- ☑ 어디에나 어울리는 귀여운 제목 디자인입니다.
- ☑ 의사 요소를 이용하지 않고 background로 표현함으로써 코드를 간결하게 만듭니다.

## 코드

**HTML**
```
<h2 class="heading">채용 정보에 관하여</h2>
```

**CSS**
```
.heading {
    position: absolute;
    padding: 0 2em 20px;
    font-size: 36px;
    background-image: repeating-linear-gradient( /* 반복 선형 그레이디언트 */
        -45deg, /* -45° 회전해 대각선으로 만들기 */
        #e5c046 0px, #e5c046 2px, /* 선의 색상과 폭을 지정 */
        rgba(0 0 0 / 0) 0%, rgba(0 0 0 / 0) 50% /* 선 사이의 여백 지정 */
    );
    background-size: 8px 8px; /* 선형 그레이디언트를 지정한 background 크기 */
    background-repeat: repeat-x; /* 가로 방향으로 배경 반복 지정 */
```

```
    background-position: center bottom;
}
```

## 설명

대각선은 의사 요소를 이용하지 않고 background로 구현합니다. background-image에 반복 선형 그레이디언트 repeating-linear-gradient를 이용해 대각선을 표현합니다. repeating-linear-gradient는 기본적으로 위에서 아래로 그러데이션을 하므로 -45deg를 이용해 대각선으로 회전합니다.

#e5c046 0px, #e5c046 2px로 노란색 선을 나타내고, rgba(0 0 0 / 0) 0%, rgba(0 0 0 / 0) 50%로 투명 부분을 표현합니다. background-size: 8px 8px로 배경의 크기를 지정하고, 대각선을 X축 방향으로 반복하기 위해 background-repeat: repeat-x를 지정하고, 반복된 대각선 배경을 아래쪽 중앙 위치에 배치하기 위해 background-position: center bottom을 지정합니다.

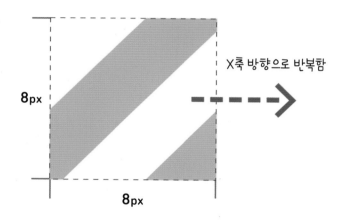

⌃ 이 **background**를 X축 방향으로 반복해 대각선을 표현한다.

텍스트와 대각선 사이의 여백은 padding: 0 2em 20px로 조정합니다.

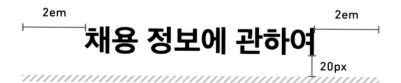

# 14 그물망으로 제목 꾸미기

## 채용 정보에 관하여

### 포인트

☑ 단순하면서도 재미있는 느낌을 주는 제목 디자인입니다.

☑ 의사 요소를 이용하지 않고 background로 표현함으로써 코드를 간결하게 유지합니다.

### 코드

**HTML**

```html
<h2 class="heading">채용 정보에 관하여</h2>
```

**CSS**

```css
.heading {
    position: absolute;
    padding: 0 2em 20px;
    font-size: 36px;
    background-image:
        repeating-linear-gradient( /* 반복 선형 그레이디언트 */
            45deg, /* 45° 회전해 대각선으로 만들기 */
            #e5c046 0px, #e5c046 1px, /* 선의 색상과 폭 지정 */
            rgba(0 0 0 / 0) 0%, rgba(0 0 0 / 0) 50%/* 선 사이의 여백 지정 */
        ),
        repeating-linear-gradient( /* 반복 선형 그레이디언트 */
            -45deg, /* -45° 회전시켜 대각선으로 만들기 */
            #e5c046 0px, #e5c046 1px, /* 선의 색상과 폭 지정 */
```

```
            rgba(0 0 0 / 0) 0%, rgba(0 0 0 / 0) 50% /* 선 사이의 여백 지정 */
    );
    background-size: 8px 8px; /* 선형 그레이디언트를 지정한 background의 크기 */
    background-repeat: repeat-x; /* 가로 방향으로 배경 반복 지정 */
    background-position: center bottom;
}
```

## 설명

그물을 자른 모양의 선으로 꾸민 제목 디자인입니다. 앞에서 실습해 본 '대각선으로 제목 꾸미기'의 코드에서 반대 방향으로 회전한 대각선을 추가해서 구현합니다.

추가 배경은 background-image 안에 repeating-linear-gradient를 추가하고 회전 각도를 바꾸었습니다. repeating-linear-gradient마다 쉼표(,)로 구분해서 구현합니다.

```
repeating-linear-gradient(
    45deg,
    #e5c046 0px, #e5c046 1px,
    rgba(0 0 0 / 0) 0%, rgba(0 0 0 / 0) 50%
), /* 쉼표로 구분해 repeating-linear-gradient를 추가 */
```

```
repeating-linear-gradient(
    -45deg,
    #e5c046 0px, #e5c046 1px,
    rgba(0 0 0 / 0) 0%, rgba(0 0 0 / 0) 50%
);
```

# 15 바느질 선으로 제목 꾸미기

## 채용 정보에 관하여

- - - - - - - - - - - - - - - - - - - - - - - - - - - - - - - - - - - - -

### 포인트

- ☑ border로 표현할 수 없는 바느질 선 느낌의 제목 디자인입니다.
- ☑ 선의 길이나 선 사이의 여백을 조정해 다양하게 느낌을 바꿀 수 있습니다.

### 코드

**HTML**

```
<h2 class="heading">채용 정보에 관하여</h2>
```

**CSS**

```
.heading {
    position: absolute;
    padding: 0 2em 20px;
    font-size: 36px;
    background-image:
        repeating-linear-gradient( /* 반복 선형 그레이디언트 */
            90deg, /* 90° 회전해 수평선으로 만들기 */
            #e5c046 0px, #e5c046 12px, /* 선 색상 지정 */
            rgba(0 0 0 / 0) 12px, rgba(0 0 0 / 0) 20px /* 선 사이의 여백 지정 */
        );
    background-size: 20px 2px; /* 선형 그레이디언트를 지정한 backgournd의 크기 */
```

```
    background-repeat: repeat-x; /* 가로 방향으로 배경 반복 지정 */
    background-position: center bottom;
}
```

## 설명

바느질을 한 파선을 표현한 제목 디자인입니다. 파선도 '대각선으로 제목 꾸미기'를 응용해서 구현할 수 있습니다.

border를 쓴다면 border-bottom: 3px dashed #e5c046과 같이 구현할 수 있을 것 같습니다. 하지만 이렇게 하면 파선의 가로 폭이나 사이의 여백 폭을 조정할 수 없어서 파선의 형태와 인상을 쉽게 바꿀 수 없습니다.

그 대신 반복 선형 그레이디언트(repeating-linear-gradient)로 점선을 표현합니다. 가로 방향으로 그러데이션을 나타내기 위해 90deg를 이용해 90° 회전합니다.

background-size: 20px 2px로 가로 20px, 세로 2px로 배경 크기를 지정하고 그 안에서 선의 크기를 조정합니다. 물론 크기는 자유롭게 변경할 수 있습니다.

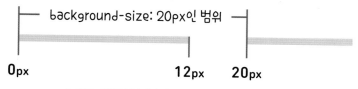

△ 선과 여백이 일정하게 반복되어 점선을 표현한다.

노란색 선을 0px~12px 사이에서 지정하고, 여백 rgba(0 0 0 / 0)을 12px~20px 사이에서 지정합니다. 선을 X축으로 반복하기 위해 background-repeat: repeat-x로 지정하고, 아래쪽 중앙에 배치하기 위해 background-position: center bottom을 지정합니다.

```
rgba(0 0 0 / 0) 12px, rgba(0 0 0 / 0) 16px
```

# 채용 정보에 관하여

＾ 선 사이의 여백은 변경하지 않고 선의 길이를 변경한다.

```
repeating-linear-gradient(
    90deg,
    #e5c046 0px, #e5c046 2px,
    rgba(0 0 0 / 0) 2px, rgba(0 0 0 / 0) 18px
);
background-size: 18px 2px;
```

# 채용 정보에 관하여

＾ 선 사이의 여백과 선의 길의 길이를 변경한다.

선과 여백을 변경하는 것만으로 표시되는 느낌이 확연하게 달라지므로, 디자인 취향에 맞춰 점선을 구현해 봅니다.

# 16 겹낫표로 제목 강조하기

# 채용 정보에 관하여

## 포인트

☑ 공간을 많이 차지하지 않고도 입체감을 살짝 주는 제목 디자인입니다.

☑ 색상의 조합에 따라 느낌을 바꿀 수 있습니다.

## 코드

**HTML**
```html
<h2 class="heading">채용 정보에 관하여</h2>
```
----------------------------------------------------------------
**CSS**
```css
.heading {
    position: absolute;
    font-size: 36px;
    display: flex; /* 가로 배열 */
    justify-content: center; /* 좌우 중앙 정렬 */
    align-items: center; /* 상하 중앙 정렬 */
}

.heading::before,
.heading::after {
```

```
    content: '';
    width: 30px; /* 겹낫표 가로 폭 */
    height: 30px; /* 겹낫표 세로 폭 */
}

.heading::before { /* 왼쪽 위 겹낫표를 의사 요소로 표현*/
    margin: -80px 30px 0 0; /* 왼쪽 위 겹낫표 배치 */
    border-top: 15px solid #e5c046;
    border-left: 15px solid #c4990a;
}

.heading::after { /* 오른쪽 아래 겹낫표를 의사 요소로 표현 */
    margin: 0 0 -80px 30px; /* 오른쪽 위 겹낫표 배치 */
    border-right: 15px solid #c4990a;
    border-bottom: 15px solid #e5c046;
}
```

## 설명

겹낫표를 이용한 개성 있는 느낌의 제목 디자인입니다. 여기에서는 CSS의 의사 요소를 이용해 구현합니다.

겹낫표는 의사 요소 ::before와 ::after를 이용해서 border로 표현합니다. 먼저 의사 요소의 크기를 width: 30px과 height: 30px로 지정하고, border의 선 폭은 15px로 지정합니다.

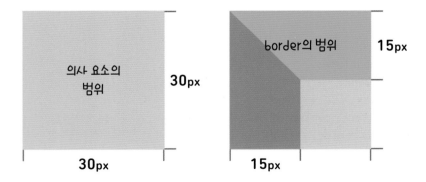

의사 요소의
범위

30px

30px

border의 범위

15px

15px

⌃ 의사 요소와 border의 크기를 지정해 겹낫표의 크기를 조정한다.

앞의 예시에서는 의사 요소와 border의 크기를 동일하게 함으로써 선이 짧은 겹낫표를 표현했습니다. 선이 긴 겹낫표를 표현하려면 의사 요소의 크기를 border 값보다 크게 합니다.

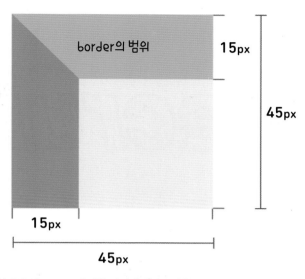

△ 의사 요소와 border의 값을 바꿔서 겹낫표의 형태를 조정할 수 있다.

이렇게 의사 요소와 border의 값을 조정해 형태를 변경할 수 있습니다. 또한 두 가지 색으로 border를 표현했습니다. 색상 역시 border 위치마다 다르게 설정할 수 있습니다.

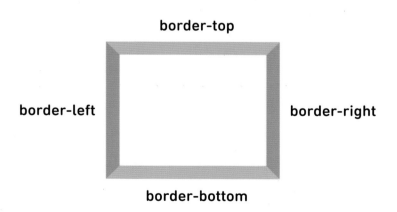

△ border 위치에 따라 색상을 바꾸면 입체감이 표현된다.

# 17 글자 테두리 선을 지정해 제목 강조하기

## 포인트

☑ 강렬한 인상을 주는 제목 디자인입니다.

## 코드

**HTML**
```
<head>
    <link rel="preconnect" href="http://fonts.googleapis.com">
    <link rel="preconnect" href="http://fonts.gstatic.com" crossorigin>
    <link href="http://fonts.googleapis.com/css2? family=Roboto:ital, wght@1,
900&display=swap." rel="stylesheet">
    <link rel="stylesheet" href="../sanitize/sanitize.css">
    <link rel="stylesheet" href="2-17.css">
</head>

<body style="margin: 15px;">
    <h2 class="heading">Recruit</h2>
</body>
```
--------------------------------------------------------------------
**CSS**
```
.heading {
```

```
    -webkit-text-stroke: 4px #555; /* 글자 테두리 선 스타일 지정 */
    text-shadow: 5px 5px 0 #e5c046; /* 노란색 글자 부분의 스타일 지정 */
    color: rgba(0 0 0 / 0); /* 원래 글자 부분을 투명으로 지정 */
    font-size: 100px;
    font-family: 'Roboto', sans-serif;
}
```

## 설명

글자 테두리 선을 아래에 깔아서 입체감을 주는 제목 디자인입니다. 텍스트의 폰트는 Roboto 웹 폰트를 사용했습니다.

text-stroke로 글자 테두리 선을 지정할 수 있습니다. 현재 모든 브라우저에서 벤더 프리픽스(Vender Prefix)가 필요하므로 -webkit-을 붙여서 입력합니다.

-webkit-text-stroke: 4px #555로 선의 굵기와 선의 색상을 지정합니다. 축약해서 표현한 이 코드는 다음과 같이 나눠서 볼 수 있습니다.

```
    -webkit-text-stroke-width: 4px;
    -webkit-text-stroke-color: #555;
```

text-shadow로 글자 색상과 위치를 지정합니다. text-shadow는 보통 텍스트에 그림자를 붙일 때 이용하는 프로퍼티지만, 이를 이용해 텍스트를 표현함으로써 앞에서 설정한 text-stroke가 표현된 위치에 나타나게 됩니다.

```
    text-shadow: 5px 5px 0 #e5c046;
```

이렇게 하면 그림자로 노란색 텍스트가 오른쪽 아래로 각각 5px 떨어진 위치에 표시되며, blur-radius 값을 0으로 함으로써 흐림 없이 명확한 텍스트가 표시됩니다. 기본 텍스트는 표시되지 않도록 color: rgba(0 0 0 / 0)으로 투명하게 설정합니다.

# 18 형광펜으로 텍스트 강조하기

강조할 텍스트에 마크를
붙일 수 있습니다.

## 포인트

- ☑ 의사 요소 없이 형광펜으로 밑줄을 그은 것처럼 표현합니다.
- ☑ 문장에서 중요한 내용을 간단하게 강조할 수 있습니다.
- ☑ 선의 굵기를 지정할 수 있습니다.

## 코드

**HTML**

```html
<p><font size="36px">강조할 텍스트에 <span class="emphasis">마크를 붙일 수</span>
있습니다.</font></p>
```

**CSS**

```css
.emphasis {
    background-image: linear-gradient( /* 선형 그레이디언트 */
        rgba(0 0 0 / 0) 70%, /* 투명 */
        #e5c046 70% /* 형광펜 선을 표현 */
    );
}
```

설명

형광펜으로 칠한 것처럼 실감나는 느낌의 밑줄 디자인입니다. background-image로 선을 표현합니다. 선형 그레이디언트 linear-gradient로 전체의 70%까지 rgba(0 0 0 / 0)으로 투명하게 지정하고, 70% 이후에 색을 입힌 선이 표시되도록 지정합니다.

⌃ 기준 0% 위치에서 70%까지는 투명, 70%부터 100%까지는 색을 표현한다.

밑줄의 색만 바꿔도 느낌이 달라집니다. 테마 색상에 어울리게 변경해 봅니다.

강조할 텍스트

```
.emphasis {
    background-image: linear-gradient(
        rgba(0 0 0 / 0) 70%,
        #eb5b87 70%
    );
}
```

강조할 텍스트

```
.emphasis {
    background-image: linear-gradient(
        rgba(0 0 0 / 0) 70%,
        #53a8c7 70%
    );
}
```

강조할 텍스트

```
.emphasis {
    background-image: linear-gradient(
        rgba(0 0 0 / 0) 70%,
        #54b75c 70%
    );
}
```

# 19 권점으로 텍스트 강조하기

글자 위에 점을 찍어서 강조하는 것을 권점이라고 하는데, CSS에서 권점을 표현해 텍스트를 자연스럽게 강조하는 코드를 소개하겠습니다.

## 강조할 텍스트에 마크를 붙일 수 있습니다.

### 포인트

☑ 텍스트를 문자별로 강조할 때 이용할 수 있는 디자인입니다.

## 코드

**HTML**
```html
<p><font size="36px">강조할 텍스트에 <span class="emphasis">마크를 붙일 수</span>
있습니다.</font></p>
```
------------------------------------------------------------------------------
**CSS**
```css
.emphasis {
    text-emphasis: sesame #e5c046;
    -webkit-text-emphasis: sesame #e5c046;
}
```

## 설명

CSS text-emphasis 프로퍼티를 이용해 텍스트를 강조한 참깨 모양 권점 디자인입니다. text-emphasis는 이 책의 집필 시점(2022년 1월)에는 파이어폭스와 사파리에서만 완전히 대응하고 있으며, 그 이외의 최신 브라우저에서는 벤더 프리픽스(-webkit-)를 함께 붙여야 합니다.

# 20 원으로 텍스트 강조하기

강조할 텍스트에 마크를
붙일 수 있습니다.

## 포인트

- ✓ 텍스트를 문자별로 강조할 때 이용할 수 있는 디자인입니다.
- ✓ 간단하면서도 눈에 잘 띕니다.

## 코드

**HTML**
```html
<p><font size="36px">강조할 텍스트에 <span class="emphasis">마크를 붙일 수</span>
있습니다.</font></p>
```
**CSS**
```css
.emphasis {
    text-emphasis: open circle #e5c046;
    -webkit-text-emphasis: open circle #e5c046;
}
```

## 설명

텍스트 위에 둥근 권점을 붙여 재밌는 느낌으로 강조하는 텍스트 디자인입니다. 참깨 권점과 마찬가지로 text-emphasis는 이 책의 집필 시점(2022년 1월)에는 파이어폭스와 사파리에서만 완전히 대응하고 있으며, 그 이외의 최신 브라우저에서는 벤더 프리픽스(-webkit-)를 함께 붙여야 합니다.

circle 값에 open을 입력해 안이 속이 비어 있는 원을 만들 수 있습니다.

또한 open을 빼고 text-emphasis: circle #e5c046으로 입력하면 그림과 같은 디자인이 됩니다.

```
.emphasis {
    text-emphasis: circle #e5c046;
    -webkit-text-emphasis: circle #e5c046;
}
```

# 강조할 텍스트에 마크를 붙일 수 있습니다.

이중 원도 그릴 수 있습니다.

```
.emphasis {
    text-emphasis: double-circle #e5c046;
    -webkit-text-emphasis: double-circle #e5c046;
}
```

# 강조할 텍스트에 마크를 붙일 수 있습니다.

# 21 물결선으로 텍스트 강조하기

강조할 텍스트에 마크를
붙일 수 있습니다.

## 포인트

- ☑ 텍스트를 한층 더 강조할 때 꾸미는 방법입니다.
- ☑ 물결선의 스타일을 조정해 느낌을 바꿀 수 있습니다.

## 코드

**HTML**
```html
<p><font size="36px">강조할 텍스트에 <span class="emphasis">마크를 붙일 수</span>
있습니다.</font></p>
```

**CSS**
```css
.emphasis {
    text-decoration: #e5c046 wavy underline 5px;
    -webkit-text-decoration: #e5c046 wavy underline 5px;
}
```

강조할 텍스트를 다른 부분보다 눈에 띄게 할 때 이용하는 물결선 디자인입니다. text-decoration 프로퍼티로 텍스트에 underline(밑줄)을 많이 이용하지만, 여기에서는 wavy(물결선)를 소개합니다.

이 디자인의 코드에서는 줄인 표현으로 입력했습니다. 이를 분해하면 다음과 같습니다.

```css
text-decoration-color: #e5c046; /* 선의 색상 */
text-decoration-style: wavy; /* 선의 스타일 */
text-decoration-line: underline; /* 선의 위치 */
text-decoration-thickness: 5px; /* 선의 굵기 */
```

선의 색상, 스타일, 위치, 굵기를 조정해 느낌을 전혀 다르게 바꿀 수 있습니다.

```css
text-decoration-thickness: 7px;
```

# 강조할 텍스트에 마크를 붙일 수 있습니다.

text-decoration은 이 책의 집필 시점(2022년 1월)을 기준으로 사파리는 줄인 표현에 대응하지 않으므로 벤더 프리픽스(-webkit-)가 필요합니다.

# 22 텍스트에 글줄 배경 넣기

## 메인 비주얼에 이용할 수 있는 디자인

### 포인트

- ☑ 메인 카피에 이용할 수 있는 텍스트 디자인입니다.
- ☑ 사진 위에 배치해도 텍스트가 잘 읽힙니다.
- ☑ 글줄마다 배경 상자 안의 여백을 조정해서 꾸밀 수 있습니다.

### 코드

**HTML**
```html
<div class="emphasis"><p>메인 비주얼에<br>이용할 수 있는<br>디자인</p></div>
```

**CSS**
```css
.emphasis p {
    box-decoration-break: clone; /* 행별로 스타일을 지정할 수 있도록 한다 */
    -webkit-box-decoration-break: clone; /* Firefox 이외에도 적용 */
    display: inline;
    padding: 10px;
    font-size: 32px;
    font-weight: 700;
    line-height: 2.2;
    background-color: #e5c046;
}
```

텍스트 글줄에 배경색을 입힌 디자인입니다. 사진 위에 표시한 텍스트가 잘 보이거나 독특한 느낌을 줄수 있습니다.

box-decoration-break를 이용하고 clone 값을 지정해서 글줄마다 스타일을 지정할 수 있도록 했습니다.

**메인 비주얼에**

**이용할 수 있는** 행별로 padding이 없음

**디자인**

≪ **box-decoration-break**가 없으면 여백의 위치가 어긋난다.

그림과 같이 box-decoration-break를 지정하지 않으면 글줄마다 배경색을 기준으로 여백(padding)을 지정할 수 없어, 의도한 디자인을 구현할 수 없습니다.

**메인 비주얼에**

**이용할 수 있는** 행별로 padding이 있음

**디자인**

≪ **box-decoration-break: clone**을 지정하면 글줄마다 여백을 가지런히 할 수 있다.

box-decoration-break: clone을 지정하면 스타일 기준을 글줄마다 적용할 수 있습니다. padding이 글줄마다 지정되므로 여백 크기를 조정할 수 있게 됩니다.

box-decoration-break는 집필 시점(2022년 1월)에는 파이어폭스만 대응하므로 다른 최신 브라우저에 대응할 때는 벤더 프리픽스(-webkit-)이 필요합니다.

# 23 텍스트를 줄 노트처럼 꾸미기

## CSS로 텍스트에 노트 같은 괘선을

## 그릴 수 있습니다

### 포인트

☑ 메시지 특성이 높은 문장에 가장 적합한 텍스트 디자인입니다.

☑ 간단하고 친숙한 페이지 디자인입니다.

☑ 노트의 줄을 표현해 문장 전체를 강조할 수 있습니다.

### 코드

`HTML`
```html
<p>CSS로 텍스트에 노트 같은 괘선을<br>그릴 수 있습니다</p>
```

`CSS`
```css
p {
    margin: 0 auto;
    padding: 0 1.5em;
    font-size: 28px;
    line-height: 3; /* 텍스트와 괘선 사이의 여백 조정 */
    background-image: linear-gradient( /* 선형 그레이디언트 */
        rgba(0 0 0 / 0) 0%, rgba(0 0 0 / 0) 98%, /* 투명 부분 */
        #ccc 100% /* 괘선을 표현 */
```

```
    );
    background-size: 100% 3em; /* 여백(투명 부분)에서 괘선까지의 크기 */
}
```

설명

텍스트를 읽기 쉽도록 노트에 쓴 듯한 옅은 줄을 CSS만으로 구현한 디자인입니다. background에 linear-gradient를 이용해 표현할 수 있습니다.

rgba(0 0 0 / 0) 0%, rgba(0 0 0 / 0) 98%로 1행 위(0%)에서 98%까지 투명으로 지정합니다. 98%부터 100%까지 #ccc로 회색을 지정합니다. 선의 색은 여기에서 변경할 수 있습니다.

그리고 line-height와 background-size의 세로 폭(Y축)에는 같은 값을 지정해서 줄을 같은 간격 으로 표시합니다.

120

# 버튼 디자인

최근 웹 디자인에서는 버튼을 단순하게 디자인하는 경향이 있습니다.
포인트 요소 하나만 추가해도 시인성이 높아지며
두고 두고 이용하기 쉬운 디자인이 됩니다.
특정한 이미지 없이도 다양한 용도로 활용할 수 있는
버튼 디자인을 구현해 보겠습니다.

# 1 대각선 슬라이드로 버튼 꾸미기

환영합니다

### 포인트

☑ 버튼 아래에 대각선 배경을 깔아서 입체감이 느껴지는 버튼 디자인입니다.

☑ 대각선 배경은 이미지가 아니라 선형 그레이디언트로 구현하므로 선의 굵기, 여백, 색상을 간단히 바꿀 수 있습니다.

### 코드

**HTML**

```html
<a href=""><span>환영합니다</span></a>
```

-----------------------------------------------------------------------

**CSS**

```css
a {
    display: block;
    position: absolute; /* 대각선 배경 기준 */
    color: #333;
    text-decoration: none;
}
```

```
a span {
    display: flex;
    justify-content: center; /* 좌우 중앙 정렬 */
    align-items: center; /* 상하 중앙 정렬 */
    position: relative; /* z-index를 적용하기 위해 필요함 */
    padding: 25px 5px;
    width: 260px;
    font-size: 28px;
    font-weight: 700;
    background-color: #90be70;
    z-index: 2; /* 겹치는 순서 지정 */
}

a::before { /* 대각선 배경 지정 */
    content: '';
    position: absolute;
    bottom: -5px; /* 기준 아래쪽에서 -5px 이동 */
    right: -5px; /* 기준 오른쪽에서 -5px 이동 */
    width: 100%;
    height: 100%;
    background-image: repeating-linear-gradient(
    /* 대각선을 선형 그레이디언트로 표현 */
        -45deg, /* 선형 그레이디언트를 -45° 회전 */
        #2b550e 0px, #2b550e 2px, /* 대각선의 색상과 굵기 지정 */
        rgba(0 0 0 / 0) 0%, rgba(0 0 0 / 0) 50% /* 여백(투명) 부분을 표현 */
    );
    background-size: 8px 8px; /* background-image를 표현할 크기를 지정 */
    z-index: 1; /* 겹치는 순서 지정 */
}
```

**설명**

HTML에서 링크를 연결하려면 <a href="">링크 텍스트</a>를 쓰며, ""안에 URL를 입력합니다.

이 디자인에서는 대각선 부분을 버튼 아래에 깔아서 비교적 쉽게 화려한 버튼을 만들 수 있습니다.

녹색 배경색을 span으로, 대각선 배경을 의사 요소 before로 각각 표현합니다. 대각선은 반복 선형 그레이디언트 repeating-linear-gradient로 나타냈습니다.

그러데이션은 기본적으로 위에서 아래 방향이므로 repeating-linear-gradient는 -45deg를 이용해 회전시키고, #2b550e 0px, #2b550e 2px로 선의 색상과 굵기를 지정하고, rgba(0 0 0 / 0) 0%, rgba(0 0 0 / 0) 50%로 투명 부분을 표현합니다.

```
repeating-linear-gradient(
    -45deg,
    #2b550e 0px, #2b550e 2px,
    rgba(0 0 0 / 0) 0%, rgba(0 0 0 / 0) 50%
)
```

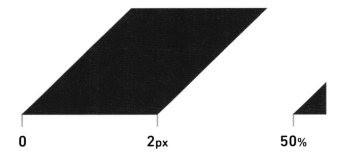

**0**　　　　　　　　**2px**　　　　　　　**50%**

배경 크기는 background-size: 8px 8px을 지정합니다. background-repeat를 지정하지 않으면 초깃값 repeat가 적용되며, 8px 8px 크기의 배경이 요소를 가득히 채워 표시됩니다.

그리고 여기에서 span을 이용한 이유는 겹침 문제가 있기 때문입니다. span이 없어도 녹색 배경색을 a 태그에 지정하고, 의사 요소 ::before에 z-index: -1을 지정해서 표현할 수 있습니다. 그러나 배경을 지정한 부모 요소가 있으면, 그 밑으로 들어간 대각선 배경은 표시되지 않습니다.

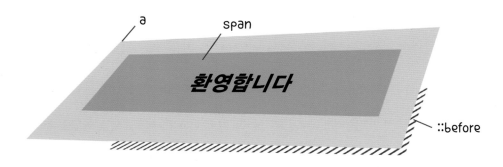

⌃ 대각선 배경이 부모 요소의 배경 밑으로 들어가 보이지 않는다.

따라서 span을 이용해 녹색 배경을 표현하고, 녹색 배경과 부모 요소(a)의 배경 사이에 대각선 배경 (::before)이 들어가게 배치했습니다.

⌃ span에 지정한 녹색 배경색과 부모 요소의 배경 사이에 대각선 배경을 z-index로 배치한다.

```
a span { /* 텍스트 */
    z-index: 2; /* 위 */
}

a::before { /* 대각선 배경 */
    z-index: 1; /* 아래 */
}
```

여기에서는 z-index로 계층을 조정했지만 너무 많이 이용하면 오류가 발생할 가능성도 높으므로, 꼭 필요한 최소한으로 지정하는 것이 좋습니다.

# 2 테두리 선으로 버튼 꾸미기

**포인트**

☑ 테두리 선을 그려 깔끔하면서도 세련된 인상을 줍니다.

**코드**

**HTML**

```html
<a href="">환영합니다</a>
```

--------------------------------------------------------------------

**CSS**

```css
a {
    display: block;
    position: relative; /* 테두리 선 기준 */
    padding: 30px 10px;
    width: 260px;
    color: #333;
    font-size: 36px;
    font-weight: 700;
    text-align: center;
```

```
    text-decoration: none;
    background-color: #90be70;
}

a::before { /* 테두리 선을 의사 요소로 표현 */
    content: '';
    position: absolute;
    top: -8px;
    left: -8px;
    width: calc(100% - 4px); /* 의사 요소 좌우 테두리 선 크기X2만큼 빼는 계산 식 */
    height: calc(100% - 4px); /* 의사 요소 상하 테두리 선 크기X2만큼 빼는 계산 식 */
    background-color: rgba(0 0 0 / 0); /* 투명하게 만들기 */
    border: 2px solid #2b550e; /* 테두리 선 스타일 */
}
```

**설명**

버튼 공간 위에 테두리 선을 배치한 버튼 디자인입니다.

a 태그에 버튼 공간의 형태를 지정하고 의사 요소 ::before로 버튼 형태에 맞는 테두리 선을 표현합니다. 그리고 top: -8px과 left: -8px을 이용해 위치를 이동합니다.

width와 height를 calc(100% - 4px)로 지정한 이유는 a 태그의 background와 ::before에 지정한 border의 크기가 다르기 때문입니다.

**a 태그**

**::before**

︽ 가로 크기의 차이

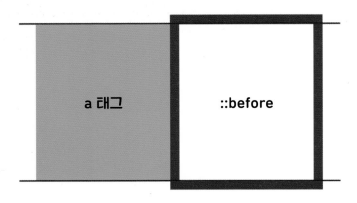

⌃ 세로 크기의 차이

크기가 다른 2개의 요소를 조합해 배치하면 다소 어색해 보이므로 before의 가로 및 세로 크기 width 와 height에 calc(100% - 4px)과 calc로 선 폭 2배만큼의 크기(예시에서는 2px+2px=4px)를 빼서 버튼과 테두리 선의 크기를 맞춥니다.

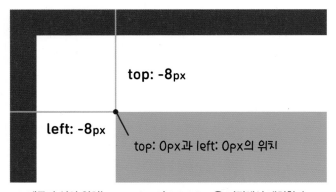

⌃ 테두리 선의 위치는 top: -8px과 left: -8px을 지정해서 배치한다.

테두리 선의 위치는 의사 요소 ::before에 position: absolute를 지정하고, top: -8px과 left: -8px로 배치합니다.

테두리 선의 위치만 바꿔도 디자인의 인상이 달라집니다.

환영합니다

```
a::before { /* 테두리 선을 오른쪽 위로 배치 */
    top: -8px;
    right: -8px;
}
```

## 주의 사항

top: 0px과 left: 0px의 위치는 부모 요소 border의 바깥쪽이 아니라 border의 안쪽이 됩니다. 예시에서는 부모 요소에 border를 지정하지 않았기 때문에 잘못될 일이 없겠지만, 만약 border가 있는 디자인이라면 주의해야 합니다.

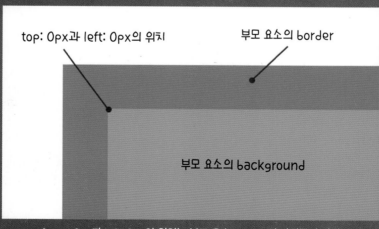

top: 0px과 left: 0px의 위치        부모 요소의 border

부모 요소의 background

≫ top: 0px과 left: 0px의 위치는 부모 요소 border의 바깥쪽이 아닌
안쪽이므로 주의해야 한다.

# 3 대각선 테두리로 버튼 꾸미기

환영합니다

## 포인트

☑ 대각선을 이용해 귀여운 테두리 선을 구현합니다.

## 코드

**HTML**

```
<a href="">환영합니다</a>
```

**CSS**

```
a {
    display: block;
    padding: 30px 10px;
    width: 260px;
    color: #333;
    font-size: 28px;
    font-weight: 700;
    text-align: center;
    text-decoration: none;
```

```
    background-color: #90be70;
    border-image-source: /* border를 이미지로 표현하는 프로퍼티 */
        repeating-linear-gradient( /* 선형 그레이디언트로 표현 */
            45deg, /* 선형 그레이디언트를 45° 회전 */
            #2b550e 0px, #2b550e 4px, /* 대각선의 색과 굵기 지정 */
            rgba(0 0 0 / 0) 4px, rgba(0 0 0 / 0) 6px /* 여백(투명)을 표현 */
        );
    border-image-slice: 3; /* border의 네 변에서 이용할 범위를 지정 */
    border-width: 3px; /* border 폭 */
    border-image-repeat: round; /* 타일 형태로 반복해서 표시 */
    border-style: solid; /* 1개의 선으로 표현 */
}
```

### 설명

테두리 선을 대각선으로 표현한 귀여운 느낌의 버튼 디자인입니다. border-image-source 프로퍼티에 선형 그레이디언트를 지정했습니다.

border-image-source는 border 부분에 이미지를 설정하는 프로퍼티로, 여기에 선형 그레이디언트 repeating-linear-gradient를 입력했습니다. 그러데이션은 기본적으로 위에서 아래 방향이므로 45deg를 이용해 45° 회전합니다.

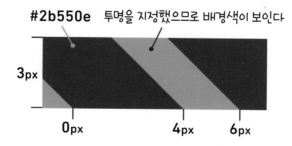

☆ **border-image**로 대각선을 표현한다.

#2b550e 0, #2b550e 4px로 대각선의 색과 굵기를 지정하고, rgba(0 0 0 / 0) 4px, rgba(0 0 0 / 0) 6px로 투명 부분을 표현합니다. border-width: 3px로 border의 굵기를 지정하고 border-image-slice: 3으로 border의 네 변의 이용 범위를 지정합니다. border-image-repeat: round로 대각선을 타일 형태로 반복해서 표현합니다.

# **4** 그러데이션으로 버튼 칠하기

환영합니다

## 포인트

- ☑ 선형 그레이디언트의 기본적인 이용 방법입니다.
- ☑ 색상에 따라 느낌이 달라지므로 응용하기 좋은 디자인입니다.

## 코드

```
[HTML]
<a href="">환영합니다</a>
-----------------------------------------------------------------------
[CSS]
a {
    display: block;
    padding: 30px 10px;
    width: 260px;
    color: #333;
    font-size: 36px;
    font-weight: 700;
    text-align: center;
```

Web Design Idea Recipe

```
    text-decoration: none;
    background-image: linear-gradient(#52a01d, #8bd05a); /* 선형 그레이디언트 */
    border-radius: 20px;
}
```

**설명**

그러데이션 버튼은 색의 조합에 따라 전혀 다른 느낌을 줄 수 있습니다. 웹사이트 주제에 맞춰 색상을
선택해야 하지만, 독특한 표현을 할 수 있기 때문에 추천하는 디자인입니다.

그러데이션은 background에 linear-gradient를 이용해 표현합니다. 그러데이션은 아무것도 지정
하지 않으면 기본적으로 요소의 위에서 아래 방향으로 적용됩니다.

```
linear-gradient(#52a01d, #8bd05a)
```

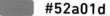 **#52a01d**

# 환영합니다

 **#8bd05a**

≫ **linear-gradient**는 기본적으로 위에서 아래로 그러데이션이 구현된다.

# 5 가로 선으로 버튼 꾸미기

환영합니다 ——

**포인트**

☑ 선 하나만 추가하므로 디자인에서 장식을 억제할 때 유용합니다.

## 코드

**HTML**
```
<a href="">환영합니다</a>
```

--------------------------------------------------------------------

**CSS**
```
a {
    display: block;
    position: relative; /* 의사 요소 기준 */
    padding: 30px;
    width: 260px;
    color: #333;
    font-size: 36px;
    font-weight: 700;
    text-decoration: none;
```

```
    background-color: #90be70;
    border-radius: 20px;
}

a::after { /* 선을 의사 요소로 표현 */
    content: '';
    position: absolute;
    top: 50%; /* 상하 중앙 배치 */
    right: 0px; /* 오른쪽에서 0px 위치에 배치 */
    transform: translateY(-50%); /* 상하 중앙 배치 */
    width: 50px; /* 선의 가로 폭 */
    height: 2px; /* 선의 세로 높이 */
    background-color: #2b550e;
}
```

## 설명

단순하게 가로 선과 배경색을 조합한 버튼 디자인을 나타냅니다.

의사 요소 ::after를 이용해 선을 표현합니다. a에 position: relative를 지정해 기준을 만들고 a::after에 position: absolute를 지정해 다른 요소에 간섭 받지 않고 이동할 수 있도록 합니다.

top: 50%로 요소의 위부터 50% 위치, right: 0px로 요소 오른쪽에서 0px 위치, transform: translateY(-50%)로 의사 요소의 Y축 50%만큼(의사 요소의 높이) 이동해서 가로 선이 요소의 오른쪽 중앙에 배치되도록 설정합니다.

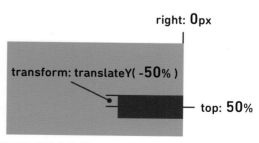

≪ 선을 배경에서 오른쪽 중앙 위치에 배치한다.

**점과 선으로 버튼 꾸미기**

환영합니다

**포인트**

☑ 점과 선으로 독특하게 디자인합니다.

☑ 글자 수에 따라 선 길이를 조정해야 하는 데 주의합니다.

**코드**

**HTML**
```
<a href=""><span>환영합니다</span></a>
```

**CSS**
```
a {
    display: block;
    position: relative; /* 의사 요소 기준 */
    padding: 30px 10px;
    width: 260px;
    color: #333;
    font-size: 36px;
    font-weight: 700;
```

```
        text-align: center;
        text-decoration: none;
        background-color: #90be70;
        border-radius: 20px;
    }

    a span {
        position: relative; /* z-index를 적용하기 위해 필요 */
        padding: 10px;
        background-color: #90be70;
        z-index: 1; /* 텍스트 겹치는 순서 */
    }

    a::before { /* 선을 의사 요소로 표현 */
        content: '';
        position: absolute;
        top: 50%; /* 상하 중앙 배치 */
        right: 0px; /* 오른쪽에서 0px 위치에 배치 */
        transform: translateY(-50%); /* 상하 중앙 배치 */
        width: 90%; /* 선 폭을 전체 폭의 90%로 지정 */
        height: 2px;
        background-color: #2b550e;
    }

    a::after { /* 점을 의사 요소로 표현 */
        content: '';
        position: absolute;
        top: 50%; /* 상하 중앙 배치 */
        right: 90%; /* 선의 가로 폭에 맞춘 지점의 X축 위치 */
        transform: translateY(-50%); /* 상하 중앙 배치 */
        width: 10px;
        height: 10px;
        background-color: #2b550e;
        border-radius: 10px;
    }
```

배경색에 점과 선을 그은 단순한 버튼 디자인입니다. 선과 점을 의사 요소로 표현했습니다.

2개의 의사 요소를 배치하기 위해 기준을 만듭니다. 먼저 a에 position: relative를 지정합니다.

선은 의사 요소 ::before로 나타내며 position: absolute를 지정한 뒤 top: 50%, right: 0px, transform: translateY(-50%)로 오른쪽 중앙 위치에 배치합니다. 선 폭을 2px, 선 길이를 요소 전체 폭의 90%로 지정하고 배경색 background-color: #2b550e를 지정해 선을 표현할 수 있습니다.

```
a::before { width: 90%; }
```

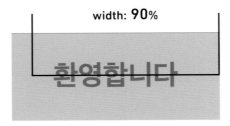

△ 선의 길이를 요소 전체의 90%로 지정한다.

점은 의사 요소 ::after로 나타내며 선과 마찬가지로 position: absolute를 지정한 뒤 top: 50%, transform: translateY(-50%)로 상하 중앙 위치에 배치합니다. 점의 X축 위치는 선 왼쪽 끝이 되므로 right: 90%로 선의 길이와 같은 값을 지정합니다.

```
a::after { right: 90%; }
```

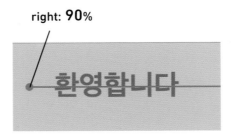

△ 선의 길이와 같은 값을 right에 지정한다.

가로와 세로 각각의 크기를 똑같이 10px로 지정하고, 배경색 background-color: #2b550e를 지정해 점을 표현합니다.

단, 이 상태에서는 텍스트 위에 선이 표시됩니다. 의사 요소 ::before와 ::after는 부모 요소 위 계층에 있기 때문에 텍스트를 span으로 감싸서 계층을 올려야만 합니다.

z-index: 1을 지정해 텍스트가 선 위에 표시되도록 합니다. 그리고 z-index 프로퍼티는 position 프로퍼티의 값을 static 이외의 값으로 지정해야만 효과가 있으므로 position: relative로 지정합니다.

선을 숨기기 위해 span에 부모 요소와 같이 배경색 background-color: #90be70을 지정합니다. 선과 텍스트 사이에 여백은 padding을 이용해서 조정합니다.

```
a span { background-color: #90be70; }
```

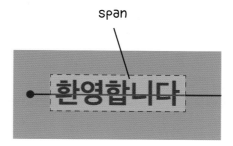

∧ 선을 숨기기 위해 텍스트를 부모 요소와 같은 배경색을 지정한 **span**으로 감싼다.

텍스트 길이에 따라 점이 가려질 수도 있으므로, 버튼 크기 a { width: 260px; }을 조정합니다.

# 7 간단한 화살표로 버튼 꾸미기

환영합니다 〉

## 포인트

☑ 단순한 느낌의 표준적인 버튼 디자인입니다.

☑ 의사 요소를 이용해 홑화살괄호[>] 모양의 화살표를 표현하므로, 화살표 이미지를 따로 쓰지 않아도 됩니다.

## 코드

**HTML**
```html
<a href="">환영합니다</a>
```
--------------------------------------------------------
**CSS**
```css
a {
    display: flex; /* 텍스트와 홑화살괄호를 가로로 배열 */
    justify-content: space-between; /* 텍스트와 홑화살괄호를 좌우로 배치 */
    align-items: center; /* 텍스트와 홑화살괄호를 상하 중앙 정렬로 배치 */
    padding: 30px;
    width: 260px;
    color: #333;
```

```
    font-size: 28px;
    font-weight: 700;
    text-decoration: none;
    background-color: #90be70;
    border-radius: 20px;
}

a::after { /* 홑화살괄호를 의사 요소로 표현 */
    content: '';
    width: 10px;
    height: 10px;
    border-top: 2px solid #2b550e; /* 홑화살괄호의 한 변 */
    border-right: 2px solid #2b550e; /* 홑화살괄호의 한 변 */
    transform: rotate(45deg); /* 45° 회전해서 홑화살괄호로 만들기 */
}
```

## 설명

텍스트와 화살표를 배열한 단순한 버튼 디자인입니다. 이 디자인은 Flexbox로 배치해서 구현합니다.

화살표는 의사 요소 ::after로 표현합니다. 의사 요소의 가로 폭(width)과 세로 높이(height)를 10px 씩 같은 값으로 지정하고 border의 top과 right에 2px solid #2b550e를 각각 지정하면 그림과 같이 됩니다.

```
a::after {
    border-top: 2px solid #2b550e;
    border-right: 2px solid #2b550e;
}
```

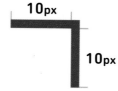

≫ 의사 요소에서 요소의 크기와 위쪽과 오른쪽의 border를 지정한다.

그리고 transform: rotate(45deg)로 45° 회전하면 홑화살괄호가 완성됩니다.

의사 요소를 배치하는 방법은 다양하지만 여기에서는 Flexbox로 구현했습니다. justify-content: space-between으로 요소의 양쪽 끝에 맞춰 배치하고, align-items: center로 요소의 상하 중앙에 배치하도록 지정합니다.

```
a {
    justify-content: space-between;
    align-items: center;
}
```

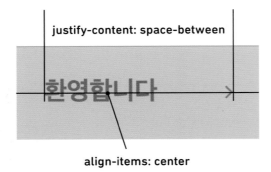

≪ 텍스트와 화살표를 Flexbox로 배치한다.

padding: 30px로 버튼의 좌우 끝에서의 여백을 만듭니다. 디자인에 맞춰 조정합니다.

# 8 홑화살괄호와 둥근 버튼 만들기

## 포인트

☑ 화살표(홑화살괄호)에 연한 색의 원을 조합해 단순하게 강조할 수 있습니다.

☑ 화살표와 원 배경을 의사 요소로 표현해 이미지를 이용하지 않고 구현합니다.

## 코드

**HTML**
```
<a href="">환영합니다</a>
```

**CSS**
```
a {
    display: flex; /* 텍스트와 홑화살괄호를 가로로 배열 */
    justify-content: space-between; /* 텍스트와 홑화살괄호를 좌우로 배치 */
    align-items: center; /* 텍스트와 홑화살괄호를 상하 중앙에 배치 */
    position: relative; /* 원 배경 위치 기준 */
    padding: 30px 43px 30px 30px;
    width: 260px;
    color: #333;
    font-size: 28px;
```

```
        font-weight: 700;
        text-decoration: none;
        background-color: #90be70;
        border-radius: 50px;
    }

a::before { /* 원 배경을 의사 요소로 표현 */
        content: '';
        position: absolute;
        top: 50%; /* 상하 중앙 배치 */
        right: 30px; /* 요소 오른쪽에서 30px 위치에 배치 */
        transform: translateY(-50%); /* 상하 중앙 배치 */
        width: 30px;
        height: 30px;
        background-color: #cae6b7;
        border-radius: 20px;
    }

a::after { /* 홑화살괄호를 의사 요소로 표현 */
        content: '';
        transform: rotate(45deg); /* 45° 회전한 홑화살괄호로 만들기 */
        width: 6px;
        height: 6px;
        border-top: 2px solid #2b550e; /* 홑화살괄호의 한 변 */
        border-right: 2px solid #2b550e; /* 홑화살괄호의 한 변 */
    }
```

### 설명

단순한 요소를 조합했지만 의외로 많이 이용되는 버튼 디자인입니다. 화살표와 원 배경을 의사 요소로 각각 표현합니다.

화살표는 ::after로 나타내며 먼저 가로 6px, 세로 6px인 정사각형을 만듭니다. 배경색을 지정하지 않았으므로 투명한 요소가 됩니다. border의 top과 right에 2px solid #2b550e를 각각 지정합니다. transform: rotate(45deg)로 45° 회전해 화살표를 완성합니다.

원 배경은 ::before로 나타내며 position: absolute에 top: 50%와 right: 30px, transform: translateY(-50%)로 요소의 오른쪽 상하 중앙에 배치합니다. right: 30px은 부모 요소의 텍스트 왼쪽 여백과 같은 크기로 지정했습니다.

```
a::before { right: 30px; }
```

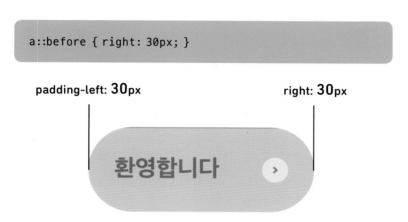

☆ 버튼 안쪽의 여백을 통일해 균형을 맞춘다.

텍스트와 화살표 배치는 Flexbox로 구현합니다. justify-content: space-between으로 요소의 양 끝에 배치하고, align-items: center로 요소의 상하 중앙에 배치하도록 지정합니다. padding으로 텍스트와 화살표 위치를 배치하지만, padding-right는 원 배경의 중앙에 배치되도록 조정해야 합니다.

```
a { padding: 30px 43px 30px 30px; }
```

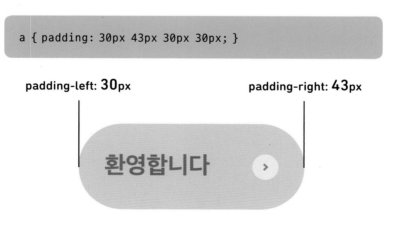

☆ 원 배경 중심에 화살표가 위치하도록 padding으로 조정한다.

# 9 왼쪽 화살표와 둥근 버튼 만들기

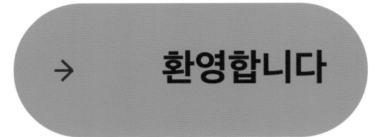

## 포인트

☑ 이미지를 자주 이용하는 화살표 아이콘을 CSS만으로 구현한 버튼 디자인입니다.

## 코드

**HTML**
```
<a href="">환영합니다</a>
```
-----------------------------------------------------------------------------

**CSS**
```
a {
    display: flex; /* 텍스트와 홑화살괄호를 가로로 배열 */
    justify-content: space-between; /* 텍스트와 홑화살괄호를 좌우로 배치 */
    align-items: center; /* 텍스트와 홑화살괄호를 상하 중앙에 정렬 및 배치 */
    position: relative; /* 화살표 가로 막대 기준 위치 */
    padding: 30px;
    width: 260px;
    color: #333;
    font-size: 28px;
    font-weight: 700;
```

Web Design Idea Recipe

```
    text-decoration: none;
    background-color: #90be70;
    border-radius: 50px;
}

a::before { /* 홑화살괄호를 의사 요소로 표현 */
    content: '';
    width: 12px;
    height: 12px;
    border-top: 2px solid #2b550e; /* 홑화살괄호의 한 변 */
    border-right: 2px solid #2b550e; /* 홑화살괄호의 한 변 */
    transform: rotate(45deg); /* 45° 회전해 홑화살괄호로 만들기 */
}

a::after { /* 화살표의 가로 막대를 의사 요소로 표현 */
    content: '';
    position: absolute;
    top: 50%; /* 상하 중앙 배치 */
    left: 30px; /* 요소의 왼쪽에서 30px 위치에 배치 */
    transform: translateY(-50%); /* 상하 중앙 배치 */
    width: 14px;
    height: 2px;
    background-color: #2b550e;
}
```

**설명**

시인성이 높고 홑화살괄호를 배치한 버튼 디자인입니다. 의사 요소 2개를 이용해 화살표를 표현합니다.

::before                    ::after

의사 요소 ::before의 width와 height에 각각 12px을 지정해 정사각형을 만듭니다. border의 top과 right에 각각 2px solid #2b550e를 지정하고, transform: rotate(45deg)로 45° 회전해 홑화살괄호를 완성합니다.

의사 요소 ::after는 position: absolute, top: 50%, left: 30px, transform: translateY(-50%)로 왼쪽의 상하 중앙 위치에 배치합니다. width: 14px과 height: 2px, background-color: #2b550e로 가로 막대를 만듭니다.

의사 요소 ::before로 만든 홑화살괄호의 크기(width와 height)를 변경하려면 의사 요소 ::after로 만든 가로 막대의 크기도 함께 조정해야 하므로 주의합니다.

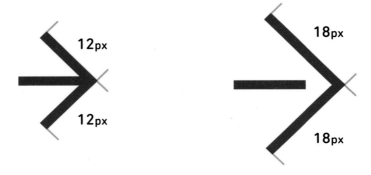

⌃ 의사 요소 크기에 따라 가로 막대의 크기와 위치를 조정해야 한다.

# 10 링크용 화살표로 버튼 꾸미기

환영합니다 ↗

## 포인트

☑ 외부 링크를 표현하는 화살표를 의사 요소로 구현한 버튼 디자인입니다.

## 코드

**HTML**
```html
<a href="">환영합니다</a>
```

**CSS**
```css
a {
    display: flex; /* 텍스트와 홑화살괄호를 가로로 배열 */
    justify-content: space-between; /* 텍스트와 홑화살괄호를 좌우에 배치 */
    align-items: center; /* 텍스트와 홑화살괄호를 상하 중앙 정렬 및 배치 */
    position: relative; /* 화살표 선 위치 기준*/
    padding: 30px;
    width: 260px;
    color: #333;
    font-size: 28px;
    font-weight: 700;
    text-decoration: none;
```

```
    background-color: #90be70;
    border-radius: 50px;
}

a::before { /* 화살표의 대각선 막대를 의사 요소로 표현 */
    content: '';
    position: absolute;
    top: 50%; /* 상하 중앙 배치 */
    right: 29px; /* 요소 오른쪽에서 29px 위치에 배치 */
    transform: translateY(-50%) rotate(-45deg); /* 상하 중앙 배치 및 -45° 회전*/
    width: 15px;
    height: 2px;
    background-color: #2b550e;
}

a::after { /* 홑화살괄호를 의사 요소로 표현 */
    content: '';
    width: 12px;
    height: 12px;
    border-top: 2px solid #2b550e; /* 홑화살괄호의 한 변 */
    border-right: 2px solid #2b550e; /* 홑화살괄호의 한 변 */
}
```

**설명**

외부 웹사이트로 연결하는 버튼을 쉽게 표현한 디자인입니다. 바로 앞에서 실습한 '왼쪽 화살표와 둥근 버튼 만들기'에서 화살표의 위치와 각도를 바꿔 구현했습니다.

화살표는 의사 요소 ::after와 ::before를 이용해 표현합니다. 의사 요소 ::after의 width와 height 를 같은 값으로 설정해 투명한 정사각형을 만듭니다. border-top과 border-right에 2px solid #2b550e를 지정해 홑화살괄호를 만듭니다. 여기에서는 각도를 변경하지 않고 그대로 이용합니다.

의사 요소 ::before는 position: absolute와 top: 50%, right: 29px로 배치하고 width: 15px 과 height: 2px, background-color: #2b550e로 세로 막대를 만듭니다. transform: rotate(-45deg)로 45° 회전합니다.

텍스트와 홑화살괄호의 배치는 Flexbox로 구현합니다. a에 justify-content: space-between과 align-items: center를 지정하고, 요소 안의 좌우 끝과 상하 중앙에 배치합니다.

**150**

# 11 다른 창 열기 아이콘으로 버튼 꾸미기

## 포인트

☑ 다른 창을 여는 아이콘을 의사 요소로 표현한 버튼 디자인입니다.

## 코드

**HTML**
```html
<a href="">환영합니다</a>
```

**CSS**
```css
a {
    display: flex; /* 텍스트와 아이콘을 가로로 배열 */
    justify-content: space-between; /* 텍스트와 아이콘을 좌우 양쪽 정렬 */
    align-items: center; /* 텍스트와 아이콘을 상하 중앙 정렬 */
    position: relative; /* 아이콘의 L자 배치 기준 */
    padding: 30px 33px 30px 30px;
    width: 260px;
    color: #333;
    font-size: 28px;
    font-weight: 700;
```

```
        text-decoration: none;
        background-color: #90be70;
        border-radius: 50px;
    }

    a::before { /* 아이콘의 ㄴ자를 의사 요소로 표현 */
        content: '';
        position: absolute;
        bottom: 40px;
        right: 28px;
        width: 18px;
        height: 12px;
        border-right: 3px solid #2b550e;
        border-bottom: 3px solid #2b550e;
    }

    a::after { /* 아이콘을 의사 요소로 표현 */
        content: '';
        width: 18px;
        height: 12px;
        border: 3px solid #2b550e;
    }
```

## 설명

클릭하면 새 창이 열리는 것을 나타내는 아이콘 디자인입니다. 아이콘은 의사 요소로 구현합니다.

의사 요소 ::after로 사각형 테두리를 만듭니다. width: 18px과 height: 12px로 사각형 테두리 크기를 지정하고 border: 3px solid #2b550e로 테두리 선을 표시합니다.

사각형 테두리 오른쪽 아래에 배치할 2개의 선은 의사 요소 ::before로 표현합니다. position: absolute와 bottom: 40px, right: 28px로 요소를 배치합니다. width: 18px과 height: 12px 값은 ::after로 만든 사각형 테두리와 같은 크기로 합니다. border의 right와 bottom에 3px solid #2b550e를 각각 지정합니다.

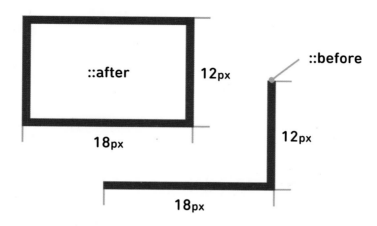

&#9759; **::before**와 **::after**를 이용해 아이콘을 표현한다.

텍스트와 사각 테두리 선의 배치는 Flexbox를 이용합니다. justify-content: space-between으로 좌우 양 끝을 기준으로 배치하고, align-items: center로 상하 중앙 위치에 배치합니다.

a의 padding은 의사 요소 ::before로 만든 2개의 선을 고려해 값을 지정합니다. 여기에서는 오른쪽에 3px의 여백을 더 둘 것이므로 padding-right에 33px을 지정했습니다. 아이콘 위치를 변경할 때는 a의 padding으로 조정합니다.

다른 창 아이콘을 이미지로 이용할 때도 이 코드를 이용할 수 있습니다. a::before { } 코드를 삭제하고 a::after { } 코드를 다음과 같이 변경합니다.

```
a::after {
    content: '';
    width: 18px; /* 이미지 크기에 맞춰 값을 지정 */
    height: 12px; /* 이미지 크기에 맞춰 값을 지정 */
    background-image: url(../images/logo.png);
    background-size: contain;
    background-repeat: no-repeat;
}
```

# 12 버튼 모서리에 삼각형 화살표 꾸미기

환영합니다

## 포인트

☑ 독특한 버튼 모양에 어울리는 삼각형 화살표를 구현합니다.

## 코드

**HTML**
```
<a href="">환영합니다</a>
```
------------------------------------------------------------------------
**CSS**
```
a {
    display: block;
    position: relative; /* 삼각형 화살표 배치 기준 */
    padding: 30px;
    width: 260px;
    color: #333;
    font-size: 28px;
    font-weight: 700;
    text-decoration: none;
    background-color: #90be70;
    border-radius: 50px 50px 0 50px;
```

```
        /* 오른쪽 아래 모서리를 제외하고 둥근 모서리 지정 */
}

a::before { /* 삼각형 화살표를 의사 요소로 표현 */
    content: '';
    position: absolute;
    bottom: 7px;
    right: 7px;
    width: 0px; /* 삼각형 화살표를 border로 표현하기 위해 0px로 지정 */
    height: 0px; /* 삼각형 화살표를 border로 표현하기 위해 0px로 지정 */
    border-style: solid;
    border-color: rgba(0 0 0 / 0) rgba(0 0 0 / 0) #2b550e rgba(0 0 0 / 0);
    /* 삼각형 화살표의 방향에 맞춰 색을 지정 */
    border-width: 0 0 14px 14px; /* 삼각형 화살표의 방향에 맞춰 크기 지정 */
}
```

## 설명

한쪽 모서리만 직각인 둥근 버튼에 삼각형 화살표를 조합한 버튼 디자인입니다. 사각형의 둥근 모서리
는 border-radius로 지정합니다. a { border-radius: 50px 50px 0 50px; }로 축약한 코드는
다음과 같이 풀어서 쓸 수 있습니다.

- border-left-top-radius: 50px
- border-left-bottom-radius: 50px

- border-right-top-radius: 50px
- border-right-bottom-radius: 0px

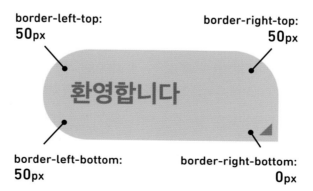

부분적으로 둥근 모서리를 조정하고 싶을 때는 해당 위치의 값을 변경합니다.

삼각형은 의사 요소 ::before로 표현합니다. position: absolute와 bottom: 7px, right: 7px로
배치합니다. 의사 요소 크기를 width와 height 모두 0px로 지정한 것은 삼각형을 border에 만들기
때문입니다.

border-color: rgba(0 0 0 / 0) rgba(0 0 0 / 0) #2b550e rgba(0 0 0 / 0)로 축약한 코드는
다음과 같이 풀어 쓸 수 있습니다.

- `border-top-color: rgba(0 0 0 / 0)`
- `border-right-color: rgba(0 0 0 / 0)`
- `border-bottom-color: #2b550e`
- `border-left-color: rgba(0 0 0 / 0)`

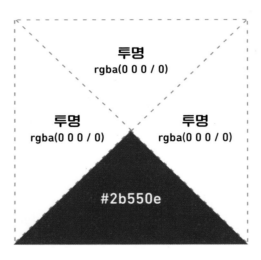

≪ **border-color**를 다음과 같이 지정한다.

요소의 가로세로 크기를 0px로 지정했으므로 border를 지정하면 각각 삼각형으로 표시됩니다. 여기
에서는 border-bottom-color에 #2b550e를 지정했으므로 그림과 같은 삼각형이 표시됩니다.

border-width: 0 0 14px 14px로 border의 폭을 지정합니다. 축약한 코드는 다음과 같이 풀어 쓸 수 있습니다.

- `border-top-width: 0px`
- `border-right-width: 0px`
- `border-bottom-width: 14px`
- `border-left-width: 14px`

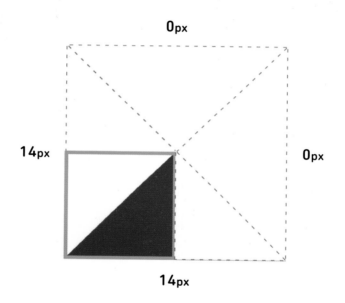

⌃ **border-color**와 **border-width**를 지정한 후의 상태

border-top과 border-right의 폭은 0px이므로 표시 영역에는 포함되지 않습니다. border-bottom과 border-left에 14px을 지정했으므로 그림의 녹색 테두리 부분이 표시 영역이 됩니다. 이것으로 왼쪽 아래를 나타내는 삼각형 화살표를 표현할 수 있습니다.

# 13 깔끔한 원과 화살표로 버튼 꾸미기

환영합니다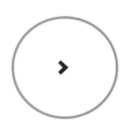

## 포인트

☑ 커다란 원과 색상 톤을 낮춘 화살표로 조화를 이룬 버튼 디자인입니다.

☑ 클릭 영역을 넓게 만들어서 버튼을 조작하기 쉽게 만듭니다.

## 코드

**HTML**
```html
<a href="">환영합니다</a>
```
-------------------------------------------------------------------
**CSS**
```css
a {
    display: flex; /* 텍스트와 홑화살괄호를 가로로 배열 */
    justify-content: space-between; /* 텍스트와 홑화살괄호를 좌우로 배치 */
    align-items: center; /* 텍스트와 홑화살괄호를 상하 중앙 정렬 및 배치 */
    position: relative; /* 원의 위치 기준 */
    padding: 30px 39px 30px 0px;
    width: 280px;
    color: #333;
    font-size: 28px;
    font-weight: 700;
    text-decoration: none;
```

```
    }

a::before { /* 원을 의사 요소로 표현 */
    content: '';
    position: absolute;
    top: 50%; /* 상하 중앙 배치 */
    right: 0; /* 요소 오른쪽에서 0px 위치에 배치 */
    transform: translateY(-50%); /* 상하 중앙 배치 */
    width: 80px;
    height: 80px;
    border: 3px solid #90be70;
    border-radius: 50%;
}

a::after { /* 홑화살괄호를 의사 요소로 표현 */
    content: '';
    width: 8px;
    height: 8px;
    border-top: 3px solid #2b550e; /* 홑화살괄호의 한 변 */
    border-right: 3px solid #2b550e; /* 홑화살괄호의 한 변 */
    transform: rotate(45deg); /* 45° 회전해 홑화살괄호로 만들기 */
}
```

## 설명

깔끔한 원과 화살표를 조합한 디자인입니다. 단순하면서도 시인성을 높일 수 있습니다. 원과 홑화살괄호를 의사 요소로 구현합니다.

홑화살괄호는 의사 요소 ::after로 나타나며 width와 height에 8px로 같은 값을 지정해 정사각형을 만듭니다. 배경색은 지정하지 않고 투명으로 설정하고 border-top과 border-right에 3px solid #eb550e를 지정합니다. transform: rotate(45deg)로 45° 회전합니다.

원은 의사 요소 ::before로 나타내며 홑화살괄호와 마찬가지로 width와 height에 같은 값 80px을 지정합니다. border: 3px solid #90be70과 border-radius: 50%로 원을 만듭니다. 그리고 position: absolute에 top: 50%, right: 0, transform: translateY(-50%)를 지정해 오른쪽 끝의 상하 중앙 위치에 배치합니다.

그리고 텍스트와 홑화살괄호는 a 태그의 Flexbox로 배치합니다. justify-content: space-between으로 좌우 양쪽 끝에, align-items: center로 상하 중앙 위치에 배치합니다.

마지막으로 a { padding: 30px 39px 30px 0px; }의 padding-right로 부모 요소의 오른쪽 위치를 조정합니다.

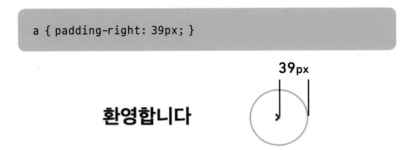

△ 텍스트 오른쪽 끝에서 화살표 오른쪽 끝까지의 여백은 **padding**으로 조정한다.

padding-right: 39px만 이용해 배치할 수도 있지만, 아래 그림과 같이 클릭 영역이 좁아집니다.

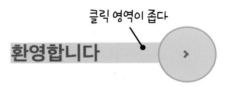

△ **padding-right**만 이용하면 클릭 영역이 좁아진다.

padding-top과 padding-bottom에도 여백을 지정함으로써 클릭 영역을 충분히 확보할 수 있습니다.

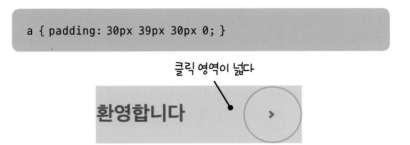

△ **padding-top**과 **padding-bottom**에도 여백을 지정해 쉽게 클릭할 수 있도록 한다.

# 14 귀여운 원과 화살표로 버튼 꾸미기

 환영합니다

## 포인트

☑ 원을 왜곡해서 귀엽고 부드러운 느낌을 주는 버튼 디자인입니다.

## 코드

**HTML**
```html
<a href="">환영합니다</a>
```
--------------------------------------------------------------------------------
**CSS**
```css
a {
    display: flex; /* 텍스트와 단순한 원을 가로로 배열 */
    justify-content: space-between; /* 텍스트와 홑화살괄호를 좌우에 배치 */
    align-items: center; /* 텍스트와 홑화살괄호를 중앙 정렬로 배치 */
    position: relative; /* 원의 위치 기준 */
    padding: 30px 0 30px 33px;
    width: 250px;
    color: #333;
    font-size: 28px;
    font-weight: 700;
    text-decoration: none;
}
```

```
a::before { /* 홑화살괄호를 의사 요소로 표현 */
    content: '';
    transform: rotate(45deg); /* 45° 회전해 홑화살괄호 만들기 */
    width: 8px;
    height: 8px;
    border-top: 3px solid #2b550e; /* 홑화살괄호의 한 변 */
    border-right: 3px solid #2b550e; /* 홑화살괄호의 한 변 */
}

a::after { /* 왜곡된 원을 의사 요소로 표현 */
    content: '';
    position: absolute;
    top: 50%;
    left: 0;
    transform: translateY(-50%);
    width: 80px;
    height: 80px;
    background-color: rgba(0 0 0 / 0);
    border: 2px solid #90be70;
    border-radius: 40% 60% 60% 40% / 40% 40% 60% 60%;
    /* 원의 왜곡을 border-radius로 표현 */
}
```

## 설명

원을 왜곡해서 독특한 개성을 느낄 수 있는 디자인입니다. 홑화살괄호와 조합해 귀여운 버튼 디자인을 구현했습니다. 왜곡된 원과 홑화살괄호는 의사 요소로 표현합니다.

홑화살괄호는 의사 요소 ::before로 만듭니다. 의사 요소의 가로 폭(width)과 세로 높이(height)는 똑같이 8px로 지정해 정사각형을 만듭니다.

배경을 지정하지 않은 상태로 투명하게 설정합니다. border-top과 border-right에 각각 3px solid #2b550e를 지정하고 transform: rotate(45deg)로 45° 회전하면 홑화살괄호가 표현됩니다.

왜곡된 원은 의사 요소 ::after로 만듭니다. 부모 요소의 왼쪽 끝의 상하 중앙 위치에 배치하기 위해 position: absolute와 top: 50%, left: 0, transform: translateY(-50%)를 지정합니다.

가로 폭 width와 세로 높이 height에 똑같이 80px을 지정하고 border: 2px solid #90be70으로 선을 그려 원을 만든 뒤 왜곡합니다.

```
border-radius: 40% 60% 60% 40% / 40% 40% 60% 60%
```

이렇게 축약한 표현은 다음과 같이 풀어 쓸 수 있습니다.

- `border-top-left-radius: 40% 40%;`
- `border-top-right-radius: 60% 40%;`
- `border-bottom-right-radius: 60% 60%;`
- `border-bottom-left-radius: 40% 60%;`

border-top-right-radius를 예로 설명합니다. 이것은 원의 오른쪽 위 부분의 둥근 모서리를 지정하는 프로퍼티입니다. border-top-right-radius: 60% 40%에서 60%는 가로 폭, 40%는 세로 폭을 의미합니다.

```
border-top-right-radius: 60% 40%
```

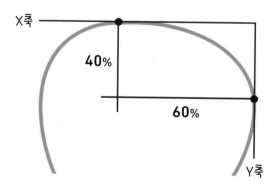

≪ **border-top-right-radius**의 가로와 세로의 값을 변경해 원을 왜곡한다.

여기에서는 %(퍼센트) 단위로 입력했지만 px(픽셀) 단위로 입력할 수도 있습니다.

```
border-top-right-radius: 48px 32px
```

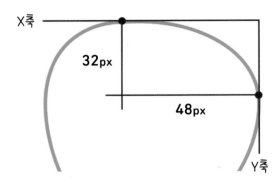

&#x2227; 세로 높이와 가로 폭이 80px인 경우 **border-top-right-radius** 입력 예

그러나 px로 값을 지정하면 원의 크기를 변경할 때 border-radius의 값도 변경해야만 합니다. 원의 크기가 달라져도 동일한 형태로 표시하고 싶을 때는 %(퍼센트) 단위를 이용하는 것이 편리합니다.

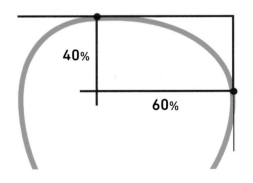 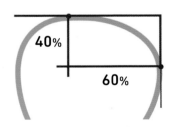

&#x2227; 값을 %로 지정하면 이미지 크기가 바뀌어도 모양을 유지할 수 있다.

# 15

## 텍스트와 겹친 원과 화살표로 버튼 꾸미기

### 포인트

☑ 원에 홑화살괄호를 배치하고 텍스트를 겹친 독특한 버튼 디자인입니다.

### 코드

**HTML**
```html
<a href=""><span>환영합니다</span></a>
```

**CSS**
```css
a {
    display: flex; /* 텍스트와 홑화살괄호를 가로로 배열 */
    align-items: center; /* 텍스트와 홑화살괄호를 상하 중앙 배치 */
    position: relative; /* 원의 배치 기준 */
    padding: 30px 0 30px 33px;
    color: #333;
    font-size: 28px;
    font-weight: 700;
    text-decoration: none;
}

a span {
```

```
    position: relative; /* z-index 활성화를 위해 필요 */
    padding: 5px;
    background-color: #fff; /* 배경색에 맞춤 */
    z-index: 1; /* 겹치는 순서 */
}

a::before { /* 홑화살괄호를 의사 요소로 표현 */
    content: '';
    transform: rotate(45deg); /* 45° 회전해 홑화살괄호로 만들기 */
    margin-right: 10px;
    width: 8px;
    height: 8px;
    border-top: 3px solid #2b550e; /* 홑화살괄호의 한 변 */
    border-right: 3px solid #2b550e; /* 홑화살괄호의 한 변 */
}

a::after { /* 원을 의사 요소로 표현 */
    content: '';
    position: absolute;
    top: 50%; /* 상하 중앙 배치 */
    left: 0;
    transform: translateY(-50%); /* 상하 중앙 배치 */
    width: 80px;
    height: 80px;
    border: 2px solid #90be70;
    border-radius: 50%;
}
```

### 설명

깔끔하면서도 시인성이 높은 버튼 디자인입니다. 원과 홑화살괄호를 의사 요소로 구현합니다.

원은 의사 요소 ::after로 나타내며 position: absolute와 top: 50%, left: 0, transform: translateY(-50%)를 지정해 왼쪽 끝의 상하 중앙 위치에 배치합니다. width와 height에 똑같이 80px을 지정하고 border: 2px solid #90be70과 border-radius: 50%로 정확한 원을 그립니다.

홑화살괄호는 의사 요소 ::before로 나타내며 width와 height에 같은 값을 지정해 정사각형을 만듭니다. 배경색 background-color는 기본값인 투명을 그대로 이용하므로 따로 지정하지 않습니다.

border-top과 border-right에 각각 3px solid #2b550e를 지정하고 transform: rotate(45deg)로 45° 회전합니다.

::before                                    ::after

홑화살괄호와 텍스트는 Flexbox로 배치합니다. align-items: center로 상하 중앙 위치에 지정합니다. a { padding: 30px 0 30px 33px; }로 클릭 영역을 넓히는 동시에 padding-left로 홑화살괄호의 위치를 조정합니다. 원의 크기를 변경할 때는 그에 맞춰 padding 값도 변경합니다.

```
a { padding: 30px 0 30px 33px; }
```

≪ **padding**으로 클릭 영역을 넓히는 동시에 홑화살괄호의 위치를 조정한다.

그리고 의사 요소는 텍스트보다 위에서 겹쳐지므로 이 상태에서는 원에 텍스트가 가려지게 됩니다.

⤊ 겹치는 순서를 지정하지 않으면 원에 텍스트가 가려진다.

그래서 텍스트를 span으로 감싸고 position: relative와 z-index: 1을 지정합니다.

```
a span {
    position: relative;
    z-index: 1;
}
```

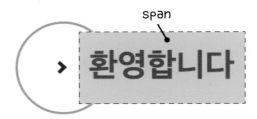

⤊ 텍스트가 원 위에 표시되도록 겹치는 순서를 지정한다.

이와 함께 span에 배경색 background-color: #fff와 padding: 10px을 지정해 텍스트와 겹치는
원의 일부분을 흰 여백으로 가려 시인성을 높일 수 있습니다.

# 16 원과 가로 선이 겹친 버튼 꾸미기

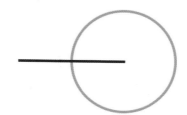

환영합니다

## 포인트

- ☑ 원과 선을 조합한 버튼 디자인입니다.
- ☑ 간단하면서도 시인성이 높은 귀여운 아이콘입니다.
- ☑ 화살표 외에 목록 글머리표로도 이용할 수 있습니다.

## 코드

**HTML**
```
<a href="">환영합니다</a>
```

**CSS**
```
a {
    display: flex; /* 텍스트와 선을 가로로 배열 */
    justify-content: space-between; /* 텍스트와 선을 좌우 양쪽 정렬 */
    align-items: center; /* 텍스트와 선을 상하 중앙 배치 */
    position: relative; /* 원 배치 기준 */
    padding: 30px 39px 30px 0;
    width: 280px;
    color: #333;
    font-size: 28px;
```

```
      font-weight: 700;
      text-decoration: none;
}

a::before { /* 원을 의사 요소로 표현 */
      content: '';
      position: absolute;
      top: 50%; /* 상하 중앙 배치 */
      right: 0; /* 요소 오른쪽에서 0px 위치에 배치 */
      transform: translateY(-50%); /* 상하 중앙 배치 */
      width: 80px;
      height: 80px;
      border: 2px solid #90be70;
      border-radius: 50%;
}

a::after { /* 선을 의사 요소로 표현 */
      content: '';
      width: 80px;
      height: 2px;
      background-color: #2b550e;
      z-index: 1;
}
```

## 설명

단순한 요소를 조합한 귀여운 디자인입니다.

원은 의사 요소 ::before를 이용해 꾸밉니다. width: 80px과 height: 80px을 지정해 정사각형을 만들고, border: 2px solid #90be70으로 선을 그린 뒤 border-radius: 50%로 둥근 원을 그립니다.

배치는 position: absolute에 top: 50%, right: 0, transform: translateY(-50%)로 오른쪽 끝 상하 중앙 위치로 지정합니다.

선을 의사 요소 ::after로 구현합니다. width: 80px, height: 2px, 배경색 background-color: #2b550e를 지정해 선을 표현합니다.

::before                                    ::after

텍스트와 선은 Flexbox로 배치합니다. justify-content: space-between으로 요소의 양 끝에 배치하고, align-items: center로 요소의 상하 중앙 위치로 지정합니다.

요소의 오른쪽 안쪽 여백(padding-left)을 조정해 선의 위치를 조정합니다.

```
a { padding: 30px 40px 30px 0; }
```

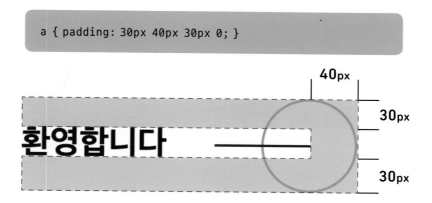

⌃ 선의 오른쪽 끝이 원 중앙에 위치하도록 **padding**으로 조정한다.

그리고 padding에서 top과 bottom에도 값을 지정하면 클릭 범위가 넓어지므로 사용자가 조작하기 쉬워집니다.

**구글 폰트 아이콘을 이용하기**

이 책에서는 버튼에 부여한 아이콘을 의사 요소를 이용해 꾸몄지만, 구글의 머티리얼 디자인 아이콘을
아이콘 폰트로 이용할 수 있는 구글 폰트의 Material Symbols and Icons를 활용하면 편리합니다.

이 책의 집필 시점(2022년 1월) 기준 총 18개 카테고리에 약 1,300개 이상의 아이콘이 준비되어 있
으므로, 웹사이트 제작에 활용하기에 충분합니다. 또한 'Outlined', 'Filled', 'Rounded', 'Sharp',
'Two tone'이라는 총 다섯 가지 스타일을 제공하기 때문에 웹사이트 테마에 맞춰 선택할 수 있습니다.

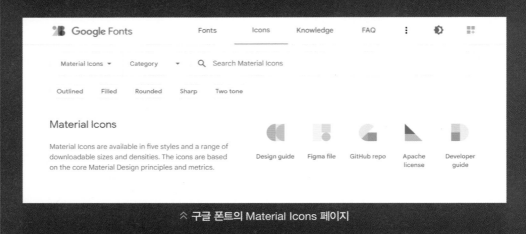

⌃ 구글 폰트의 Material Icons 페이지

## Outlined

| | | | | |
|---|---|---|---|---|
| Search | Home | Account Circle | Settings | Done |
| Info | Check Circle | Delete | Shopping Cart | Visibility |
| Favorite | Logout | Description | Favorite Border | Lock |

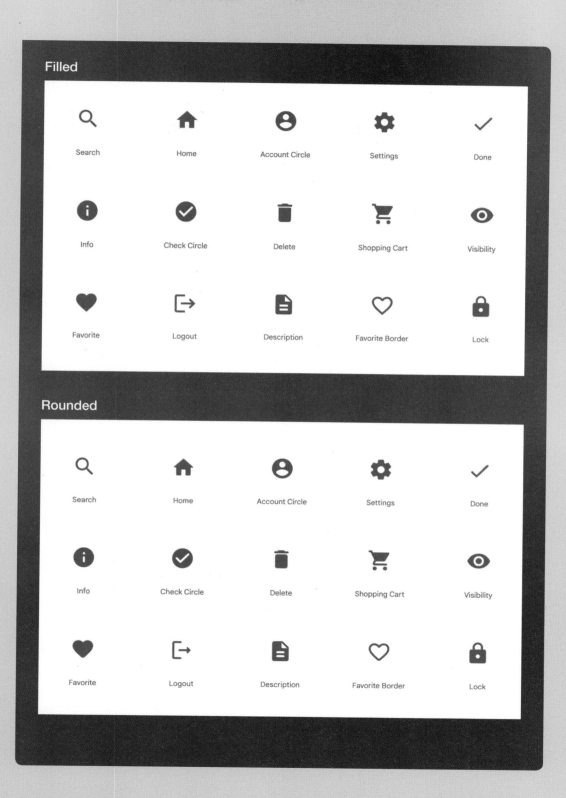

## Sharp

| | | | | |
|---|---|---|---|---|
| Search | Home | Account Circle | Settings | Done |
| Info | Check Circle | Delete | Shopping Cart | Visibility |
| Favorite | Logout | Description | Favorite Border | Lock |

## Two tone

| | | | | |
|---|---|---|---|---|
| Search | Home | Account Circle | Settings | Done |
| Info | Check Circle | Delete | Shopping Cart | Visibility |
| Favorite | Logout | Description | Favorite Border | Lock |

## 구글 폰트 아이콘 이용 방법

가장 간단하게 구글 폰트를 도입하는 방법을 소개합니다. HTML에 아래의 코드를 추가해서 불러옵니다.

**코드**

```
HTML
<head>
    <link href="https://fonts.googleapis.com/icon?family=Material+Icons"
rel="stylesheet">
</head>
```

구글 폰트 아이콘 사이트(fonts.google.com/icons)에서 아이콘을 선택하고 HTML 태그를 복사합니다.

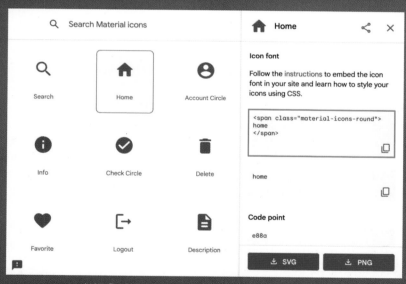

≪ 아이콘을 선택하면 HTML 태그 등의 아이콘 정보가 표시된다.

**코드**

```
HTML
<body>
    <span class="material-icons">home</span>
</body>
```

임의의 위치에 HTML를 입력하면 아이콘이 표시됩니다.

아이콘 스타일에 따라 스타일 시트나 HTML 태그의 클래스명이 다르므로 주의합니다.

**코드**

```html
<!-- Baseline -->
<link href="https://fonts.googleapis.com/css2?family=Material+Icons" rel="stylesheet">
<span class="material-icons">home</span>

<!-- Outline -->
<link href="https://fonts.googleapis.com/css2?family=Material+Icons+Outlined" rel="stylesheet">
<span class="material-icons-outlined">home</span>

<!-- Rounded -->
<link href="https://fonts.googleapis.com/css2?family=Material+Icons+Round" rel="stylesheet">
<span class="material-icons-round">home</span>

<!-- Sharp -->
<link href="https://fonts.googleapis.com/css2?family=Material+Icons+Sharp" rel="stylesheet">
<span class="material-icons-sharp">home</span>

<!-- Two tone -->
<link href="https://fonts.googleapis.com/css2?family=Material+Icons+Two+Tone" rel="stylesheet">
<span class="material-icons-two-tone">home</span>
```

버튼은 물론 웹 콘텐츠 또는 내비게이션까지 이용할 수 있는 것들이 많으므로 참고로 기억해 두면 좋습니다.

# 레이아웃 디자인

웹 콘텐츠의 가독성을 높이기 위해
필요한 레이아웃 코딩입니다.
오늘날 가장 많이 볼 수 있는 레이아웃을
짧은 코드로 구현해 봅니다.

# 1

# 1행을 Flexbox로 배치하기

**가로 배열 제목**

가로 배열 레이아웃을
Flexbox로 구현합니다.

**가로 배열 제목**

가로 배열 레이아웃을
Flexbox로 구현합니다.

**가로 배열 제목**

가로 배열 레이아웃을
Flexbox로 구현합니다.

### 포인트

☑ 자식 요소의 개수가 고정된 가로 배열 레이아웃은 Flexbox를 이용하여 반응형 웹을 구
현할 수 있습니다.

### 코드

**HTML**

```html
<div class="wrap">
    <div class="item">
        <img src="../images/pic172_1.jpg" alt="담소를 나누는 사진">
        <h2>가로 배열 제목</h2>
        <p>가로 배열 레이아웃을 Flexbox로 구현합니다.</p>
    </div>
    <div class="item">
        <img src="../images/pic172_2.jpg" alt="하이파이브를 나누는 사진">
        <h2>가로 배열 제목</h2>
        <p>가로 배열 레이아웃을 Flexbox로 구현합니다.</p>
    </div>
    <div class="item">
        <img src="../images/pic172_3.jpg" alt="이야기를 나누는 사진">
```

```
        <h2>가로 배열 제목</h2>
        <p>가로 배열 레이아웃을 Flexbox로 구현합니다.</p>
    </div>
```

------------------------------------------------------------

`CSS`
```css
.wrap {
    display: flex; /* 가로 배열 */
    justify-content: space-between; /* 좌우 양쪽 정렬 */
}
.item {
    padding: 20px;
    width: 32%;
    background-color: #d6d6d6;
    border-radius: 10px;
}
img {
    width: 100%;
    border-radius: 10px;
}
```

## 설명

카드 UI에서 자주 볼 수 있는, 가로로 배열한 1행의 레이아웃을 Flexbox로 구현합니다. 가로 폭이 같은 카드를 일정한 간격으로 배열하며, 카드 사이 여백의 크기도 모두 같습니다.

justify-content로 자식 요소의 수평 방향 배치를 지정합니다. space-between은 부모 요소의 양쪽 끝을 기준으로 같은 간격으로 요소를 배치합니다.

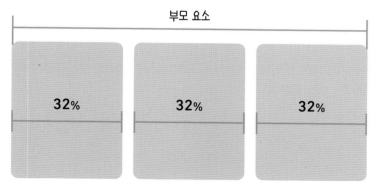

⌃ **justify-content: space-between**을 지정해 부모 요소의 양쪽 끝을 기준으로 같은 간격으로 배치한다.

이 코드는 자식 요소의 수가 고정된 경우에 적합합니다. 예를 들어, 요소를 3개에서 2개로 변경하면 자식 요소가 양쪽 끝에 배치되어 버립니다. 그러면 의도치 않게 중앙에 텅 빈 공간이 생겨 버립니다.

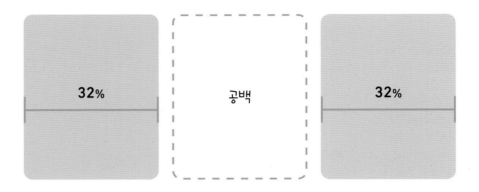

⌃ 자식 요소가 2개가 되면 한가운데에 공백이 생긴다.

그리고 요소가 1개가 되면 왼쪽 끝에 배치됩니다.

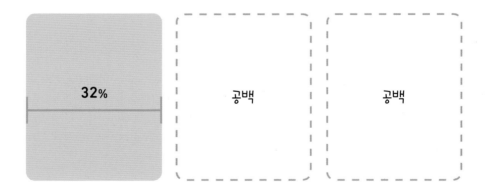

⌃ 자식 요소가 1개이면 왼쪽 끝에 배치된다.

자식 요소의 수가 고정되어 있을 때는 괜찮지만, 요소의 개수가 변경될 수 있다면 각각의 경우에 맞는 레이아웃을 확인하는 편이 좋습니다.

# 2 여러 행을 Flexbox로 배치하기

### 가로 배열 제목

가로 배열 레이아웃을
Flexbox로 구현합니다.

### 가로 배열 제목

가로 배열 레이아웃을
Flexbox로 구현합니다.

### 가로 배열 제목

가로 배열 레이아웃을
Flexbox로 구현합니다.

### 가로 배열 제목

가로 배열 레이아웃을
Flexbox로 구현합니다.

### 가로 배열 제목

가로 배열 레이아웃을
Flexbox로 구현합니다.

### 가로 배열 제목

가로 배열 레이아웃을
Flexbox로 구현합니다.

## 포인트

- ☑ 가로로 배열한 여러 행의 레이아웃은 Flexbox를 이용하면 짧은 코드로 구현할 수 있습니다.
- ☑ 의사 클래스(pseudo-class)를 이용한 margin의 여백 설정 방법을 익히면 다양한 곳에 이용할 수 있습니다.
- ☑ 반응형 웹 디자인에 쉽게 대응할 수 있습니다.

**HTML**

```html
<div class="wrap">
    <div class="item">
        <img src="../images/pic175_1.jpg" alt="헤드폰을 쓰는 사진">
        <h2>가로 배열 제목</h2>
         <p>가로 배열 레이아웃을 Flexbox로 구현합니다.</p>
    </div>
    <div class="item">
        <img src="../images/pic175_2.jpg" alt="회의하는 세 명의 여성 사진">
        <h2>가로 배열 제목</h2>
        <p>가로 배열 레이아웃을 Flexbox로 구현합니다.</p>
    </div>
    <div class="item">
        <img src="../images/pic175_3.jpg" alt="회의실에서 미팅을 하는 사진">
        <h2>가로 배열 제목</h2>
        <p>가로 배열 레이아웃을 Flexbox로 구현합니다.</p>
    </div>
    <div class="item">
        <img src="../images/pic175_4.jpg" alt="카페에서 이야기를 나누는 사진">
        <h2>가로 배열 제목</h2>
         <p>가로 배열 레이아웃을 Flexbox로 구현합니다.</p>
    </div>
    ...(반복)
</div>
```

---

**CSS**

```css
.wrap {
    display: flex; /* 가로 배열 */
    flex-wrap: wrap; /* 줄바꿈(반환) */
}

.item {
    padding: 20px;
    width: 32%;
    background-color: #d6d6d6;
    border-radius: 10px;
}

.item:not(:nth-child(3n+3)) { /* 3의 배수 이외의 .item에 지정 */
    margin-right: 2%;
```

```
}

.item:nth-child(n+4) { /* 4번째 이후의 .item에 지정 */
    margin-top: 30px;
}

img {
    width: 100%;
    border-radius: 10px;
}
```

**설명**

여러 행의 레이아웃에 대응한 Flexbox를 이용한 카드 디자인입니다.

3개의 자식 요소를 가로로 배열하고, 자식 요소의 수가 5개나 7개와 같이 3의 배수가 아닐 때는 부모 요소의 왼쪽을 기준으로 배열합니다. 자식 요소의 수가 점점 늘어나는 블로그 포스트의 카드 UI 등에서 많이 이용하는 코드입니다.

display: flex와 width: 32%를 이용해 카드를 가로로 배열하고, flex-wrap: wrap을 이용해 부모 요소의 가로 폭을 넘는 자식 요소는 줄 바꿈을 해서 여러 행의 레이아웃을 구현합니다.

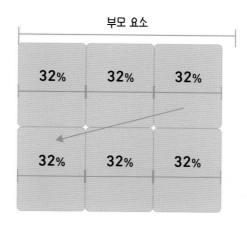

⌃ 부모 요소의 가로 폭을 넘는 자식 요소는 줄 바꿈이 되지만 요소 사이의 여백이 없다.

단, 왼쪽 끝을 기준으로 여백이 없이 배열되므로 다음과 같이 여백을 설정해야 합니다.

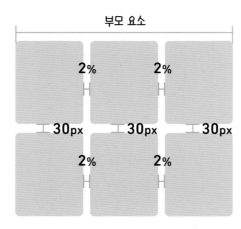

≫ 의사 클래스를 활용해서 자식 요소 사이의 여백을 만든다.

의사 요소의 가로 여백은 margin-right: 2%로 지정합니다. :not(:nth-child(3n+3))은 자식 요소 중에서 3의 배수인 요소에 지정할 때 이용하는 의사 클래스입니다. :not()이라는 부정 의사 클래스 (negation pseudo-class)를 함께 이용했으므로 3의 배수가 아닌 요소(1번째, 2번째, 5번째 등)에 margin-right: 2%가 적용됩니다.

.item:nth-child(n+4)를 이용해 4번째 이후 요소에 margin-top: 30px을 지정해 세로 여백을 만들어 줍니다.

## gap을 이용한 여백 설정

앞에서 설명한 방법으로 여백을 설정할 수 있지만 PC, 스마트폰, 태블릿 화면을 고려한 레이아웃에서 반응형 웹에 대응해야 할 때는 코드가 길어지게 됩니다. 그럴 때는 gap으로 코드를 줄일 수 있습니다.

**주의 사항**

gap은 사파리 브라우저의 경우 PC 사파리 14.1, iOS 사파리 14.8 이후 버전만 지원합니다. 2021년 4월 이후 브라우저 업데이트를 하지 않았다면 적용되지 않으므로 사용자에 따라 의사 클래스 또는 gap의 사용 여부를 확인하는 것이 좋습니다.

**코드**

```css
CSS
.wrap {
    display: flex; /* 가로 배열 */
    flex-wrap: wrap; /* 줄 바꿈*/
    gap: 30px; /* 자식 요소 사이에만 여백 적용 */
}

.item {
    padding: 30px;
    width: calc((100% - 30px * 2) / 3); /* 자식 요소의 가로 폭 계산 */
    background-color: #d6d6d6;
}
```

gap은 요소 사이의 여백을 지정하는 코드입니다. 요소 사이 이외의 여백이 필요하지 않는 위치에서는 반영되지 않으므로, 앞의 의사 클래스를 이용하는 코드를 이용하지 않아도 됩니다.

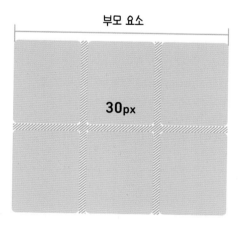

≪ gap을 이용하면 요소 사이에만 여백을 지정할 수 있다.

# 3 글로벌 내비게이션 바 배치하기

| About | Service | Price | Contact |
|---|---|---|---|
| 환영합니다 | 서비스 | 요금 | 문의 |

**포인트**

☑ 2행의 코드로 가로 정렬의 글로벌 내비게이션 바(global navigation bar)를 구현할 수 있습니다.

☑ 주로 PC에서 표시를 위한 구현이지만, 스마트폰에서 2열로 배열할 때도 이용할 수 있습니다.

**코드**

HTML
```html
<ul>
    <li><a href=""><span>About</span>환영합니다</a></li>
    <li><a href=""><span>Service</span>서비스</a></li>
    <li><a href=""><span>Price</span>요금</a></li>
    <li><a href=""><span>Contact</span>문의</a></li>
</ul>
```
-------------------------------------------------------------------

CSS
```css
ul {
    display: flex; /* 가로 배열 */
    justify-content: space-between; /* 좌우 양쪽 정렬 */
    width: 800px;
    list-style: none;
}

li {
    width: 25%;
```

```
    border-left: 1px solid #5b8f8f;
}

li:last-child {
    border-right: 1px solid #5b8f8f;
}

li a {
    display: flex;
    flex-direction: column; /* Flex 아이템을 세로로 배열 */
    padding: 10px 0;
    color: #333;
    font-size: 28px;
    font-weight: 700;
    text-align: center;
    text-decoration: none;
    line-height: 1.6;
}

li a span {
    color: #5b8f8f;
    font-size: 13px;
}
```

## 설명

헤더(Header)에서 자주 볼 수 있는 가로 배열 내비게이션 레이아웃을 Flexbox로 구현합니다.

한글 문구가 주 언어이며 영문자를 곁들여서 중앙 정렬합니다. display: flex와 justify-content: space-between, width: 25%로 가로 배열 레이아웃을 구현합니다. 영문자와 한글 문구는 flex-direction: column을 이용해 자식 요소를 상하로 배열하고, text-align: center를 이용해 요소 안의 텍스트를 중앙 배치합니다.

# **4** 헤더 레이아웃 배치하기

| Service | Price | Contact |
|---------|-------|---------|
| **서비스** | **요금** | **문의** |

## 포인트

- ☑ 대표적인 로고와 내비게이션의 가로 배열을 Flexbox로 구현합니다.
- ☑ 다양한 상황에서 사용하는 레이아웃이므로 반드시 기억합니다.

## 코드

**HTML**

```html
<div class="wrap">
    <div class="logo"><img src="../images/logo.png"></div>
    <ul>
        <li><a href=""><span>Service</span>서비스</a></li>
        <li><a href=""><span>Price</span>요금</a></li>
        <li><a href=""><span>Contact</span>문의</a></li>
    </ul>
</div>
```

-------------------------------------------------------------------

**CSS**

```css
.wrap {
    display: flex; /* 가로 배열 */
    justify-content: space-between; /* 좌우 양쪽 정렬 */
    align-items: center; /* 상하 중앙 정렬 */
    width: 1000px; /* 헤더 가로 폭 */
```

```css
    }

    .logo {
        width: 200px; /* 로고 가로 폭 */
    }

    .logo img {
        display: block;
        max-width: 100%;
        height: auto;
    }

    ul {
        display: flex; /* 가로 배열 */
        justify-content: flex-end; /* flex 아이템을 끝으로 붙임 */
        flex: 1; /* 빈 공간을 좁히는 것처럼 내비게이션을 구현 */
        list-style: none;
    }

    li:not(:last-child) { /* 가장 마지막 li 외에 지정 */
        margin-right: 50px;
    }

    li a {
        display: flex;
        flex-direction: column; /* flex 아이템을 세로로 배열 */
        color: #111;
        font-size: 28px;
        font-weight: 700;
        text-align: center;
        text-decoration: none;
        line-height: 1.6;
    }

    li a span {
        color: #5b8f8f;
        font-size: 13px;
    }
```

자주 이용하는 헤더 레이아웃인 로고와 내비게이션의 가로 배열 배치도 Flexbox로 구현합니다.

.logo { width: 200px; }로 로고의 가로 폭을 고정하고 ul { flex: 1; }로 그 이외(내비게이션과 여백 부분)의 가로 폭을 지정합니다. flex 프로퍼티는 flex-grow, flex-shrink, flex-basis의 줄인 표현입니다. flex: 1과 같이 단위가 없는 값을 1개 기술하면 flex-grow가 적용되어, 로고 요소를 뺀 공간에 늘려서 배치합니다.

```
ul { flex: 1; }
```

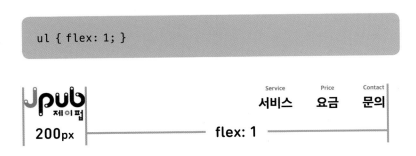

⌃ 내비게이션 부분에 **flex: 1**을 지정하면 반응형 웹에 대응할 수 있다.

align-items: center로 부모 요소 또는 크기가 큰 자식 요소를 기준으로 상하 중앙 정렬을 합니다.

```
align-items: center
```

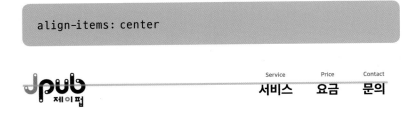

⌃ 부모 요소 또는 크기가 큰 자식 요소를 기준으로 상하 중앙 정렬한다.

그리고 ul에 justify-content: flex-end로 행의 마지막(행의 끝)을 기준으로 배열되도록 지정합니다.

justify-content: flex-end

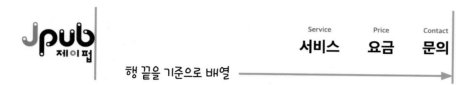

☆ 행의 마지막을 기준으로 가장 마지막 자식 요소부터 순서대로 배열한다.

li:not(:last-child)와 부정 의사 클래스를 이용해 가장 마지막 자식 요소를 뺀 요소에 margin-right: 50px을 지정한 뒤 좌우 사이 여백을 구현합니다.

li:not(:last-child) { margin-right: 50px; }

☆ 리스트 자식 요소(li)의 오른쪽 끝에 여백 **50px**을 지정하고 가장 마지막 요소만 여백을 없앤다.

부정 의사 클래스 :not()은 여백과 border 등 레이아웃이나 꾸미기를 할 때 자주 이용하는 코드이므로 기억해 두는 것이 좋습니다.

# 5 웹사이트 이동 경로 꾸미기

Web Design Idea Recipe

Top ● 서비스 ● 제작

**포인트**

☑ 단조롭게 보일 수 있는 빵 부스러기(Breadcrumbs) 내비게이션의 분위기를 바꾸는 디자인입니다.

☑ 항목이 추가되어도 유연하게 대응할 수 있습니다.

## 코드

**HTML**

```html
<ol>
    <li><a href="">Top</a></li>
    <li><a href="">서비스</a></li>
    <li>제작</li>
</ol>
```
--------------------------------------------------------------------------
**CSS**

```css
ol {
    display: flex;
    align-items: center;
    flex-wrap: wrap;
    list-style: none;
}

li:not(:last-child) {
    margin-right: 30px;
}
```

```
}

li:not(:last-child):after { /* 가장 마지막 li 외에 지정 */
    content: '';
    display: inline-block;
    margin-left: 30px;
    width: 12px;
    height: 12px;
    background-color: #5b8f8f;
    border-radius: 50%;
}
```

**설명**

빵 부스러기란 웹사이트에서 사용자의 위치를 알려주는 UI를 말합니다. 밋밋한 디자인이 되기 쉬운 웹사이트 이동 경로에 귀여운 느낌을 주는 디자인입니다. 이것을 Flexbox로 구현합니다.

display: flex와 align-items: center로 요소의 왼쪽을 기준으로 가로로 배열하고 상하 중앙에 배치합니다. 대상은 텍스트(링크)뿐만 아니라 원 구분 기호도 포함됩니다.

≪ **align-items: center**로 텍스트와 원 구분 기호가 상하 중앙의 위치에 배열한다.

li:not(:last-child) { margin-right: 30px; }의 부정 의사 클래스를 이용해 가장 마지막 자식 요소를 제외하고 여백을 지정합니다.

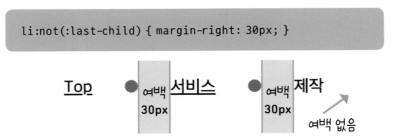

```
li:not(:last-child) { margin-right: 30px; }
```

☆ 가장 마지막 자식 요소(li)를 제외하고 리스트 자식 요소(li)마다 여백을 지정한다.

li:not(:last-child):after {}라는 부정 의사 클래스로 원 구분 기호를 표현합니다. display: inline-block을 지정함으로써 텍스트와 가로 배열이 되고, li:not(:last-child):after { margin-left: 30px; }로 원 구분 기호와 앞 요소 텍스트 사이의 여백을 지정합니다.

```
li:not(:last-child):after { margin-left: 30px; }
```

☆ 원 구분 기호와 앞 요소 텍스트 사이의 여백을 지정한다.

# 페이지네이션을 Flexbox로 배치하기

이전으로    1    2    3    4    다음으로

## 포인트

- ☑ 모서리가 둥근 귀여운 버튼을 Flexbox로 구현합니다.
- ☑ 반응형 웹에 쉽게 대응할 수 있습니다.

## 코드

**HTML**

```html
<ol>
    <li><a href="">이전으로</a></li>
    <li><span>1</span></li>
    <li><a href="">2</a></li>
    <li><a href="">3</a></li>
    <li><a href="">4</a></li>
    <li><a href="">다음으로</a></li>
</ol>
```

**CSS**

```css
ol {
    display: flex; /* 가로 배열 */
    justify-content: center; /* 좌우 중앙 정렬 */
    align-items: center; /* 상하 중앙 정렬 */
    flex-wrap: wrap; /* 줄 바꿈 지정 */
```

```
    list-style: none;
}

li:not(:last-child) { /* 가장 마지막 li 이외에 지정 */
    margin-right: 10px;
}

li a {
    display: block;
    padding: 20px;
    color: #111;
    text-decoration: none;
    line-height: 1;
    background-color: #e6e6e6;
    border: 2px solid #5b8f8f;
    border-radius: 10px;
}

li span {
    display: block;
    padding: 20px;
    color: #f2f2f2;
    line-height: 1;
    background-color: #5b8f8f;
    border: 2px solid #5b8f8f;
    border-radius: 10px;
}
```

## 설명

단순하며 스마트폰에서도 조작하기 쉬운, 둥근 모서리의 버튼이 귀여운 페이지네이션 디자인입니다. 항목이 나열된 목록 페이지에서 반드시 사용하는 페이지네이션도 Flexbox로 구현할 수 있습니다. 좌우 중앙에 배치되도록 display: flex와 justify-content: center를 지정합니다.

⌃ **justify-content: center**로 좌우 중앙 배치

페이지가 늘면서 링크 수가 늘어나도 대응할 수 있도록 flex-wrap: wrap으로 부모 요소의 크기를 넘으면 줄 바꿈이 되도록 지정합니다.

⌃ flex-wrap: wrap으로 부모 요소의 크기를 넘으면 줄 바꿈이 되도록 지정한다.

페이지네이션 사양에 따라 모든 링크를 표시하지 않고 생략하는 경우도 있으므로, 미리 사양을 확인합니다.

⌃ 소개한 코드는 링크를 생략하는 경우에도 대응한다.

**코드**

```html
<ol>
    <li><a href="">이전으로</a></li>
    <li><span>1</span></li>
    <li><a href="">2</a></li>
    <li><a href="">3</a></li>
    <li><a href="">4</a></li>
    <li>...</li>
    <li><a href="">다음으로</a></li>
</ol>
```

<li>...</li>를 추가해도 여백과 배치를 정리해서 깨끗하게 배열할 수 있습니다.

# 7 이미지와 텍스트 깔끔하게 배치하기

**상하 중앙에 배치합니다**

사진과 가로로 배열한 문자을 상하 중앙에 배치합니다. 길이가 짧은 문장을 여러 위치에 배치할 때, 전체적인 균형을 잡는 데 효과적입니다.

## 포인트

☑ 이미지와 텍스트를 가로 배열하고 상하 중앙 위치에 텍스트를 배치할 때 자주 쓰는 레이아웃입니다.

☑ 제목을 포함한 문장의 높이는 반응형 웹에 대응하기 위해 padding 등을 이용하여 세세하게 조정할 필요가 없습니다.

## 코드

`HTML`

```
<div class="wrap">
    <div class="image">
        <img src="../images/pic192.jpg" alt="사진을 찍고 있는 모습의 사진">
    </div>
    <div class="text">
        <h2>상하 중앙에 배치합니다</h2>
        <p>사진과 가로로 배열한 문자를 상하 중앙에 배치합니다. 길이가 짧은 문장을 여러
위치에 배치할 때, 전체적인 균형을 잡는 데 효과적입니다.</p>
    </div>
</div>
```

```
CSS
.wrap {
    display: flex; /* 가로 배열 */
    align-items: center; /* 상하 중앙 배치 */
    width: 600px;
}

.image {
    width: 50%;
}

.text {
    padding: 0 30px; /* 텍스트 좌우 여백 */
    width: 50%;
}

img {
    display: block;
    width: 100%;
    height: auto;
    border-radius: 10px;
}
```

이미지와 텍스트를 가로로 배치하는 레이아웃입니다. 텍스트를 상하 중앙에 배치하는 디자인도
Flexbox로 구현합니다.

display: flex를 지정하고 이미지와 텍스트 요소에 각각 width: 50%를 지정해 가로 배열로 배치합
니다.

ⵥ display: flex로 자식 요소에 50%씩 지정해 가로로 배열한다.

align-items: center로 부모 요소, 또는 크기가 큰 자식 요소의 세로 크기를 기준으로 상하 중앙에 붙여서 배치합니다.

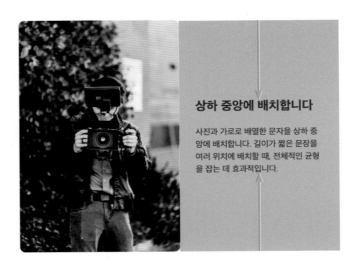

⌃ **align-items: center로 상하 중앙 위치에 배치한다.**

텍스트의 좌우 여백은 padding: 0 30px로 조정했습니다. 디자인에 따라서는 padding-left: 30px 등 왼쪽만 여백을 지정하는 경우도 있으므로 사양에 맞춰 지정하세요.

# 8 가로 배열 콘텐츠 응용해서 배치하기

**상하 중앙에 배치합니다**

사진과 가로 배열한 문장을 상하 중앙
에 배치합니다.

**상하 중앙에 배치합니다**

사진과 가로 배열한 문장을 상하 중앙
에 배치합니다.

## 포인트

☑ '이미지와 텍스트 깔끔하게 배치하기' 코드에 코드 몇 줄을 추가해 구현할 수 있습니다.

☑ 짝수 번째와 홀수 번째에 스타일을 적용하는 의사 클래스는 자주 쓰기 때문에 기억해
두면 편리합니다.

## 코드

```html
HTML
<div class="wrap">
    <div class="image">
        <img src="../images/pic195_1.jpg" alt="회의 주 사진 1">
    </div>

    <div class="text">
        <h2>상하 중앙에 배치합니다</h2>
        <p>사진과 가로 배열한 문장을 상하 중앙에 배치합니다.</p>
    </div>
```

```
    </div>

    <div class="wrap">
        <div class="image">
            <img src="../images/pic195_2.jpg" alt="회의 중 사진 2">
        </div>

        <div class="text">
            <h2>상하 중앙에 배치합니다</h2>
            <p>사진과 가로 배열한 문장을 상하 중앙에 배치합니다.</p>
        </div>
    </div>
```
--------------------------------------------------------------------------------
CSS
```css
.wrap {
    display: flex; /* 가로 배열 */
    align-items: center; /* 상하 중앙 배치 */
    margin: 0 auto 50px;
    width: 600px;
}

.wrap:nth-child(even) { /* 짝수 번째만 지정 */
    flex-direction: row-reverse; /* 요소 위치 반전 */
}

.image {
    width: 50%;
}

.text {
    padding: 0 30px;
    width: 50%;
}

img {
    display: block;
    width: 100%;
    height: auto;
    border-radius: 10px;
}
```

## 설명

짝수 번째의 위치를 반전해서 시선의 흐름을 유도하는 레이아웃입니다. 앞에서 소개한 가로로 배열된 콘텐츠를 여럿 게재할 때 사진과 텍스트의 위치를 좌우로 반전하면서 배치하는 디자인을 Flexbox로 구현합니다.

앞에서 소개한 코드에 코드를 추가해 나갑니다. flex-direction으로 자식 요소의 배열 방향을 지정합니다. 기본값은 왼쪽에서 오른쪽으로 배열하므로 왼쪽에 사진, 오른쪽에 텍스트가 배치됩니다. 따라서 flex-direction: row-reverse로 배열을 반전합니다.

그리고 :nth-child(even) 의사 클래스로 짝수 번째 요소에만 지정함으로써 교대로 반전하는 레이아웃을 구현합니다.

```
:nth-child(even) { flex-direction: row-reverse; }
```

**상하 중앙에 배치합니다**

사진과 가로 배열한 문장을 상하 중앙
에 배치합니다.

짝수 번째를 반전

**상하 중앙에 배치합니다**

사진과 가로 배열한 문장을 상하 중앙
에 배치합니다.

≫ 짝수 번째 레이아웃을 가로 축 기준으로 반전한다.

**간단한 폼 레이아웃 만들기**

| 이름 | 필수 | |
| 이메일 | 필수 | |
| 전화번호 | | |
| 문의 내용 | 필수 | |

## 포인트

☑ 자주 이용하는 폼 레이아웃을 Flexbox로 간단히 구현합니다.

☑ textarea 등의 여러 행 레이아웃이 되는 경우에도 처리할 수 있습니다.

### 코드

```html
HTML
<label>
    <span class="title">이름<span class="required">필수</span></span>
    <input type="text" name="name" required>
</label>
```

Web Design Idea Recipe

```html
<label>
    <span class="title">이메일<span class="required">필수</span></span>
    <input type="email" name="email" required>
</label>

<label>
    <span class="title">전화번호</span>
    <input type="tel" name="tel">
</label>

<label>
     <span class="title-textarea">문의 내용<span class="required">필수</span></span>
    <textarea type="textarea" name="contact" required></textarea>
</label>
```
------------------------------------------------------------------
`CSS`
```css
label {
    display: flex; /* 가로 배열 */
    align-self: center; /* 상하 중앙 정렬 */
}

label:not(:last-child) { /* 가장 마지막 label을 제외하고 지정 */
    margin-bottom: 20px;
}

.title {
    display: flex; /* 가로 배열*/
    justify-content: space-between; /* 좌우 양쪽 정렬 */
    align-self: center; /* 상하 중앙 정렬 */
    padding-right: 20px;
    width: 220px;
    font-weight: 700;
}

.title-textarea {
    display: flex; /* 가로 배열 */
    justify-content: space-between; /* 좌우 양쪽 정렬 */
    align-self: flex-start; /* Flex 아이템을 기점으로 정렬(위쪽 정렬) */
    padding-top: 20px;
```

```
    padding-right: 20px;
    width: 220px;
    font-weight: 700;
}

.required {
    padding: 5px 10px;
    font-size: 12px;
    line-height: 1;
    background-color: #7fb2a1;
    border-radius: 10px;
}

input,
textarea {
    display: block;
    padding: 20px;
    flex: 1; /* 여백을 좁히도록 flex 아이템의 폭을 지정 */
    background-color: #e5e5e5;
    border: 2px solid #5b8f8f;
    border-radius: 10px;
}

textarea {
    height: 200px;
}
```

## 설명

폼의 라벨과 입력 필드의 레이아웃을 필수 라벨과 함께 Flexbox로 구현합니다.

label에 display: flex로 라벨과 입력 필드를 가로로 배열하고, align-self: center로 상하 중앙에 배치합니다.

단, 이름과 이메일 주소, 전화번호는 입력 필드가 1행이므로 align-self: center을 이용해 디자인대로 만들 수 있지만, 질문 내용은 textarea기 때문에 높이가 있어 상하 중앙 배치를 하게 되면 의도하지 않은 디자인이 됩니다.

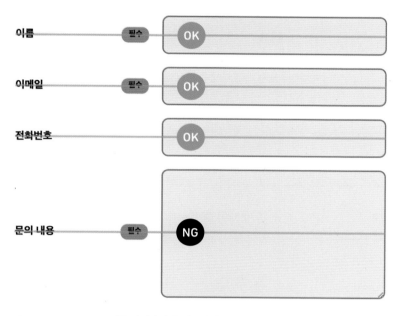

⌃ **align-item: center**를 지정하면 문의 내용 항목만 의도하지 않은 레이아웃이 된다.

이름, 이메일, 전화번호 라벨에는 title을 적용하지만, 입력 필드가 큰 문의 내용 라벨에만 .title-textarea { align-self: flex-start; }로 덮어씁니다. align-self는 부모 요소에 지정한 align-item의 값을 덮어쓸 수 있는 프로퍼티로 자식 요소에 지정합니다. 그리고 .title-textarea { padding-top: 20px; }로 요소 위쪽에 여백을 주고 배치를 조정하면 원하는 디자인을 구현할 수 있습니다.

```
.title-textarea { align-self: flex-start; }
```

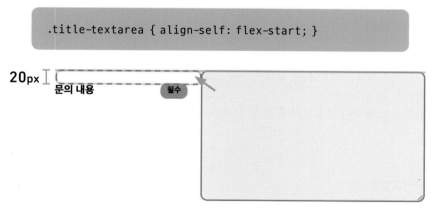

⌃ **align-self**를 자식 요소에 지정함으로써 부모 요소의 **align-item** 값에 덮어쓸 수 있다.

# **10** 기업 정보를 Flexbox로 배치하기

| | |
|---|---|
| 회사명 | 제이펍 |
| 본사 주소 | 경기도 파주시 문발동 회동길 159 |
| 전화번호 | 070-8201-9010 |

## 포인트

- ☑ 기업 소개 페이지에서 많이 이용되는 레이아웃을 Flexbox로 구현할 수 있습니다.
- ☑ 제목 폭을 고정해 반응형 대응 코드를 구현합니다.

## 코드

**HTML**

```html
<dl>
    <dt>회사명</dt>
    <dd>제이펍</dd>
</dl>

<dl>
    <dt>본사 주소</dt>
    <dd>경기도 파주시 문발동 회동길 159</dd>
</dl>

<dl>
    <dt>전화번호</dt>
    <dd>070-8201-9010</dd>
</dl>
```

```CSS
dl {
    display: flex; /* 가로 배열*/
    justify-content: space-between; /* 좌우 양 끝 정렬 */
}

dt {
    padding: 20px 30px;
    width: 230px;
    border-bottom: 2px solid #5b8f8f;
}

dd {
    padding: 20px 30px;
    width: calc(100% - 230px); /* dt의 가로 폭만큼 빼서 dd의 폭을 반응형 웹에 대응 */
    border-bottom: 2px solid #bbb;
    margin-inline-start: 0px;
}
```

## 설명

웹페이지의 회사 소개에서 자주 쓰는 기업 정보 레이아웃에서 테마 색상을 고려하고 간단하게 읽을 수 있도록 한 디자인입니다. 이것을 커스텀 태그(dl)를 이용해 Flexbox로 구현합니다.

display: flex를 이용해 가로로 배열하고 justify-content: space-between으로 부모 요소의 좌우 양 끝을 기준으로 배치합니다.

```
justify-content: space-between;
```

회사명                    제이펍

부모 요소의 양 끝을 기준으로 배치

≪ justify-content: space-between으로 부모 요소의 좌우 양쪽 끝에 배치한다.

dt { width: 230px; }와 dd { width: calc(100% - 230px); }로 dt의 가로 폭을 고정하고, dd의 가로 폭을 변하게 해서 반응형 웹에 대응합니다.

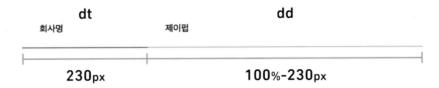

스마트폰에서 화면을 표시한다면 dl에 flex-wrap: wrap, dt와 dd에 각각 width: 100%를 지정해서 세로 배열 레이아웃을 만들 수 있습니다.

```
dl{
  display: flex;
  flex-wrap: wrap;
  justify-contents: space-between;
}

dt{
  padding: 20px 30px;
  width: 100%;
  border-bottom: 2px soild #5b8f8f;
}

dd{
  padding: 20px 30px;
  width: 100%;
  boder-bottom: 2px solid #bbb;
  margin-inline-start: 0px;
}
```

# 11 카드에서 버튼만 아래쪽으로 배치하기

가로 배열의 요소에서 텍스트 길이에 따라 높이가 달라져도 버튼은 아이템별 요소 아래 배치하고 싶은 경우가 있습니다.

**위치를 정렬하고 싶은 버튼**

이 경우에도 버튼을 요소 아래 배치하고 싶습니다.

**위치를 정렬하고 싶은 버튼**

## 포인트

- ☑ 카드에 있는 텍스트 글자 수에 영향을 주지 않고 버튼을 정해진 위치에 고정합니다.
- ☑ 여러 카드의 레이아웃을 깔끔하게 통일할 수 있습니다.

## 코드

**HTML**

```html
<div class="wrap">
    <div class="item">
        <p>가로 배열의 요소에서 텍스트 길이에 따라 높이가 달라져도 버튼은 아이템별 요소
아래 배치하고 싶은 경우가 있습니다.</p>
        <a href="">위치를 정렬하고 싶은 버튼</a>
    </div>

    <div class="item">
        <p>이 경우에도 버튼을 요소 아래 배치하고 싶습니다.</p>
        <a href="">위치를 정렬하고 싶은 버튼</a>
    </div>
</div>
```

```
CSS
.wrap {
    display: flex; /* 가로 배열 */
    justify-content: space-between; /* 좌우 양 끝 정렬 */
}

.item {
    display: flex;
    flex-direction: column; /* Flex 아이템을 세로로 배열 */
    padding: 20px;
    width: 48%;
    background-color: #d6d6d6;
    border-radius: 10px;
}

p {
    flex-grow: 1; /* .item의 세로 폭에 맞춰 압축됨 */
    margin-bottom: 20px;
}

a {
    display: block;
    padding: 20px 0;
    color: #111;
    font-weight: 700;
    text-align: center;
    text-decoration: none;
    background-color: #7fb2a1;
    border-radius: 10px;
}
```

텍스트 길이에 상관없이 버튼을 요소의 아래쪽에 배치해 시인성을 높이는 레이아웃입니다. Flexbox로 구현합니다.

부모 요소 .wrap을 display: flex를 이용해 가로로 배열하고 justify-content: space-between 으로 좌우 기준에 맞춰 배치합니다.

자식 요소(.item)에 display: flex를 이용해 일단 가로 배열로 지정한 뒤 flex-direction: column 으로 문장과 버튼을 세로로 배열합니다. 현재 상태에서 아직 버튼은 문장에 맞춰 배치되지 않습니다.

가로 배열의 요소에서 텍스트 길이에 따라 높이가 달라져도 버튼은 아이템 별 요소 아래 배치하고 싶은 경우가 있습니다.

**위치를 정렬하고 싶은 버튼**

이 경우에도 버튼을 요소 아래 배치하고 싶습니다.

**위치를 정렬하고 싶은 버튼**

⌃ 문장의 바로 아래 배치된 버튼이 카드 하단에 정렬되지 않은 상태

요소 아래쪽에 정렬해서 배치할 때는 p에 flex-grow: 1을 지정합니다. flex-grow는 flex 컨테이너 폭에 여백이 있을 때 늘리는 비율을 지정하는 프로퍼티로, 요소 .item의 크기에 맞춰 여백을 삽입할 수 있도록 p를 늘려서 배치합니다.

```
p { flex-grow: 1; }
```

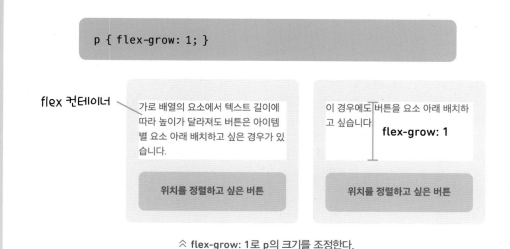

flex 컨테이너

가로 배열의 요소에서 텍스트 길이에 따라 높이가 달라져도 버튼은 아이템 별 요소 아래 배치하고 싶은 경우가 있습니다.

**위치를 정렬하고 싶은 버튼**

이 경우에도 버튼을 요소 아래 배치하고 싶습니다. **flex-grow: 1**

**위치를 정렬하고 싶은 버튼**

⌃ **flex-grow: 1**로 p의 크기를 조정한다.

# 12 화면 전체에 이미지가 채워지게 배치하기

텍스트 가로 폭은 고정, 이미지만 좌우 화면 가득히 넓히는 레이아웃을 이용할 기회는 적지 않습니다. 이를 마크업으로 구현하고 있지만, 이제는 CSS로 대응할 수 있습니다. 일괄 지정도 할 수 있어 매우 편리합니다.

## 포인트

- ☑ 이미지에 중점을 둔 레이아웃입니다.
- ☑ CSS로 이미지만 가득 채워서 불필요한 HTML 코드를 생략할 수 있습니다.

## 코드

**HTML**

```html
<div class="container">
    <div class="contents">
        <div class="image"><img src="../images/pic207.jpg" alt="스마트폰을 보면서 PC를 조작하는 사진"></div>
        <p>텍스트 가로 폭은 고정, 이미지만 좌우 화면 가득히 넓히는 레이아웃을 이용할 기회는 적지 않습니다. 이를 마크업으로 구현하고 있지만, 이제는 CSS로 대응할 수 있습니다. 일괄 지정도 할 수 있어 매우 편리합니다.</p>
    </div>
</div>
```

```
CSS
.contents {
    margin-right: auto;
    margin-left: auto;
    width: 400px;
}

.contents p {
    margin-bottom: 50px;
}

.image {
    margin-right: calc(50% - 50vw);
    /* 요소 가로 폭 50%에서 이미지 가로 폭 50vw를 뺀다 */
    margin-left: calc(50% - 50vw);
    /* 요소 가로 폭 50%에서 이미지 가로 폭 50vw를 뺀다 */
    margin-bottom: 50px;
}

.image img {
    display: block;
    width: 100%;
    height: auto;
}

.container {
    overflow-x: hidden; /* 가로 스크롤 방지 */
}
```

### 설명

텍스트는 요소 영역 안에 두면서 사진만 화면 가로 크기 가득 채우고 싶을 때 이용할 수 있는 레이아웃입니다. 텍스트와 사진을 같은 요소 안에 넣어 두고 이미지만 크기를 변경할 수 있습니다. 요소별로 가로 크기를 조정하지 않아도 됩니다.

부모 요소(.contents) 안에 이미지와 텍스트가 포함되므로, 이미지의 가로 폭도 원래는 400px로 표시되어야 합니다. 그러나 이미지에만 calc(50% - 50vw)를 지정해 화면 전체에 표시할 수 있습니다.

vw란 vertical viewport를 말하며, 보이는 영역 너비의 1%에 해당하는 폭 길이입니다. 따라서 화면 영역의 절반 폭은 50vw입니다.

이는 텍스트 부분 바깥쪽에 있는 여백의 값을 계산해 사진의 폭을 좌우로 넓힌 것으로, 이미지는 부모 요소의 가로 폭을 무시하고 전체 화면에 표시됩니다.

︿ 텍스트 부분 바깥쪽에 있는 여백의 값을 계산한다.

텍스트 영역의 가로 폭 절반의 값은 50%이며, 전체 화면의 가로 폭 절반의 값은 50vw이므로 이를 이용해 문장의 가로에 있는 여백의 값을 calc()로 계산합니다.

︿ 문장의 가로 폭 절반의 값은 50%, 전체 화면의 가로 폭 절반의 값은 50vw

계산 식은 다음과 같습니다.

```
calc((50vw - 50%)* -1)
```

-1을 네거티브 마진(negative margin) 값을 계산하는 식이며, 의도적으로 마이너스(-) 값을 이용해 사진을 좌우로 넓힌 것입니다.

예를 들어 텍스트 부분 바깥쪽에 있는 여백이 좌우 각각 200px이라 가정해 봅니다. 이때 margin의 좌우 값을 -200px로 하면 이미지 부분의 요소가 좌우로 200px만큼씩 넓어지기 때문에 -1을 곱해서 네거티브 마진을 만듭니다.

실제 코드에서는 이를 calc(50% - 50vw)로 계산해서 -1을 곱하지 않고도 네거티브 마진 값을 구했습니다.

# 13 핀터레스트 화면처럼 배치하기

## 포인트

- ☑ 핀터레스트 화면의 레이아웃을 CSS로만 구현할 수 있습니다.
- ☑ 배열 순서가 중요하지 않는 콘텐츠에 추천합니다.

## 코드

**HTML**

```html
<ul>
    <li>
        <img src="../images/pic210_1.jpg" alt="">
        <p>Pinterest 레이아웃을 CSS만으로 구현합니다</p>
    </li>
    <li>
        <img src="../images/pic210_2.jpg" alt="">
        <p>column-count는 매우 편리합니다</p>
    </li>
    <li>
```

```
            <img src="../images/pic210_3.jpg" alt="">
            <p>적은 코드만으로 구현할 수 있습니다</p>
        </li>
        ... (반복)
</ul>
```

----------------------------------------------------------------

**CSS**
```css
ul {
    column-count: 3; /* 가로 3열로 배열*/
    padding: 20px;
    list-style: none;
}

li {
    break-inside: avoid; /* 상자 도중에 나뉘는 것을 방지 */
}

img {
    display: block;
    width: 100%;
    height: auto;
    border-radius: 30px;
}

p {
    font-size: 13px;
    text-align: center;
}
```

**설명**

크기가 다른 카드를 타일 형태로 빈틈없이 배치해서 정보를 찾기 쉽게 만든 디자인입니다. 널리 쓰이는 SNS인 핀터레스트(Pinterest) 방식의 레이아웃을 구현합니다. 일반적으로 JavaScript를 이용해 구현하지만, 여기에서는 CSS만 이용해 구현하는 방법을 소개합니다.

column-count는 지정한 열의 수로 요소의 콘텐츠를 분할하는 프로퍼티입니다. column-count: 3을 지정해 가로 3열로 배열합니다.

```
ul { column-count: 3; }
```

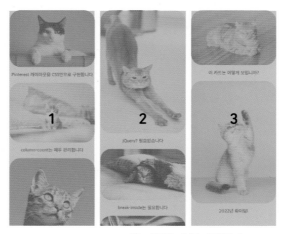

⌄ **column-count: 3**을 지정해 3열로 배열한다.

break-inside는 만들어진 상자(li)의 구분 방법을 지정하는 프로퍼티입니다. break-inside: avoid 는 상자 도중에 단락이 생기는 것을 방지합니다.

여기에서 상자는 이미지와 설명 텍스트를 조합한 것이므로, 다음 그림과 같이 의도치 않게 단락이 생겨 텍스트만 표시되는 것을 방지하기 위해 break-inside: avoid를 지정해야 합니다.

```
li { break-inside: avoid; }
```

⌄ **break-inside: avoid**를 지정하지 않으면 단락이 생긴다.

## 주의 사항

이 구현 방법에서는 배열 순서에 특히 주의해야 합니다. column 프로퍼티는 단락(열)을 만들기 위한 코드이기 때문에 왼쪽에서 오른쪽으로 배열하지 않고, 일정한 높이 안에서 위에서 아래로 배열하면서 왼쪽 열에서 오른쪽 열로 배치합니다.

column-count: 3

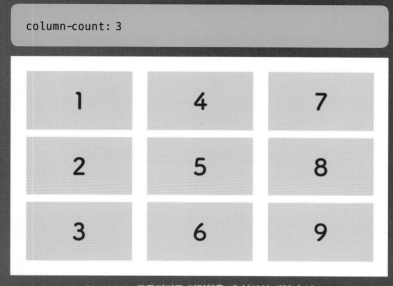

⌃ **column** 프로퍼티로 지정했을 때 상자의 배열 순서

시계열 등 배열 순서에 규칙이 있는 경우에는 이 방법이 아니라 JavaScript를 이용하기를 권장합니다.

• 참고: Masonry(masonry.desandro.com)

# 14 이미지를 Flexbox로 중앙 배치하기

```
.image {
    display: flex;
     justify-content: center;
    align-items: center;
}
```

## 코드

**HTML**
```html
<div class="image">
    <img src="../images/flexbox.png" alt="Flexbox로 상하 좌우 중앙 배치한 이미지">
</div>
```
--------------------------------------------------------------------

**CSS**
```css
.image {
    display: flex; /* 가로 배열 */
    justify-content: center; /* 좌우 중앙 정렬 */
    align-items: center; /* 상하 중앙 정렬 */
}
```

## 설명

Flexbox를 이용하면 justify-content와 align-items에 각각 center 값을 지정해 상하좌우 중앙에 배치할 수 있습니다. 3줄의 코드만으로 간단하게 구현할 수 있습니다.

# 15 이미지를 grid로 중앙 배치하기

```
.image {
    display: grid;
    place-items: center;
}
```

## 코드

**HTML**
```html
<div class="image">
    <img src="../images/grid.png" alt="grid를 이용해 상하 좌우 중앙 배치한 이미지">
</div>
```
- - - - - - - - - - - - - - - - - - - - - - - - - - - - - - - - - - - - - - - - - - - - - - - - - - - - - - - - - -
**CSS**
```css
.image {
    display: grid; /* 자식 요소를 grid 아이템으로 지정 */
    place-items: center; /* 중앙 정렬*/
}
```

## 설명

grid를 이용하면 place-items에 center를 지정해 이미지를 화면 중앙에 배치할 수 있습니다.

# 16 간단한 이미지 슬라이드 만들기

**SUN**　　　　　**MON**　　　　　**TUE**

## 포인트

☑ 단순한 캐러셀 슬라이더라면 JavaScript를 이용하지 않고 CSS만으로 구현할 수 있습니다.

☑ 스냅 포인트도 설정할 수 있어 이용하기 쉽습니다.

## 코드

**HTML**

```html
<div class="wrap">
    <div class="item">
        <img src="../images/pic216_1.jpg" alt="">
        <p>Sun</p>
    </div>
    <div class="item">
        <img src="../images/pic216_2.jpg" alt="">
        <p>Mon</p>
    </div>
    <div class="item">
```

```
        <img src="../images/pic216_3.jpg" alt="">
        <p>Tue</p>
    </div>
    ... (반복)
</div>
```

------------------------------------------------------------------

**CSS**
```css
.wrap {
    scroll-snap-type: x mandatory;
    /* X축으로 스크롤하고, 스크롤 동작이 끝나면 스냅 포인트 위치에 맞춤 */
    margin: 0 auto;
    padding: 30px 0;
    max-width: 800px;
    white-space: nowrap; /* 행의 줄 바꿈을 하지 않음 */
    overflow-x: scroll; /* X축 방향으로 스크롤함 */
}

.item {
    scroll-snap-align: center; /* 스냅 포인트를 중앙에 지정 */
    display: inline-block;
    margin: 0 20px;
    width: 40%;
    white-space: normal; /* .wrap의 white-space 지정 해제 */
    background-color: #f4f4f4;
    overflow: hidden;
}

img {
    display: block;
    width: 100%;
    height: auto;
}

p {
    margin: 0;
    padding: 20px;
    font-weight: 700;
    text-align: center;
    text-transform: uppercase;
}
```

카드를 가로로 슬라이드해서 한정된 공간에 여러 이미지를 표시할 수 있는 캐러셀(carousel) 슬라이더 입니다. 복잡한 기능을 구현해야 한다면 JavaScript를 써야 하지만 간단한 기능이라면 CSS만으로도 구현할 수 있습니다.

.item { display: inline-block; }으로 자식 요소를 가로로 배열합니다.

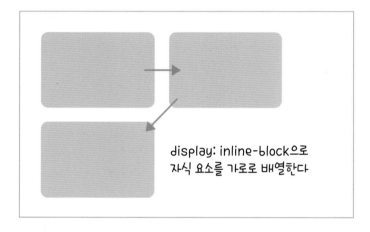

display: inline-block으로
자식 요소를 가로로 배열한다

.wrap { white-space: nowrap; }으로 행의 줄 바꿈을 하지 않도록 지정합니다.

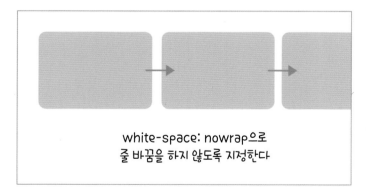

white-space: nowrap으로
줄 바꿈을 하지 않도록 지정한다

.wrap { overflow-x: scroll; }로 부모 요소를 넘은 자식 요소를 스크롤할 수 있도록 지정합니다.

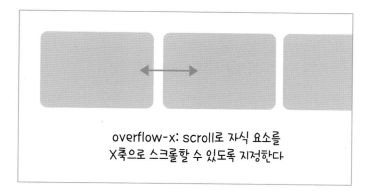

scroll-snap-type으로 스냅 방향을 지정합니다. scroll-snap-type: x mandatory를 지정하면 스크롤 컨테이너의 축은 수평(X축)이, 스냅 포인트 위치에 맞출 수 있습니다. mandatory는 스크롤 중이 아니면 스냅 포인트에 빠지게(맞게) 됩니다. scroll-snap-align: center로 스냅된 후 멈추는 위치를 중앙으로 지정합니다.

```
.wrap { scroll-snap-type: x mandatory; }
.item { scroll-snap-align: center; }
```

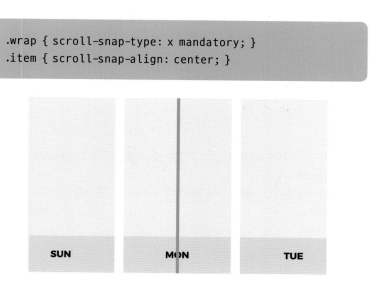

≪ 스크롤 후에는 자식 요소의 중앙 위치에 멈춘다.

그리고 .wrap { white-space: nowrap; }으로 부모 요소에서 행을 줄 바꿈을 하지 않도록 지정했으므로, .item { white-space: normal; }로 자식 요소에서 행의 줄 바꿈을 지정해 둡니다.

# 17 간단한 아코디언 만들기

HTML만 이용해 아코디언을 구현할 수 있을까요?                         +

HTML만 이용해 아코디언을 구현할 수 있을까요?                         ×

네. 간이 아코디언이라면 details와 summary 태그를 이용해 구현할 수 있습니다.

HTML만 이용해 아코디언을 구현할 수 있을까요?                         +

## 포인트

☑ 간단한 아코디언이라면 HTML과 CSS만으로 구현할 수 있습니다.
☑ 애니메이션으로 좋은 조작감을 제공할 수 있습니다.

## 코드

**HTML**
```html
<details>
    <summary>HTML만 이용해 아코디언을 구현할 수 있을까요?</summary>
    <div class="answer">
        <p>네. 간이 아코디언이라면 details와 summary 태그를 이용해 구현할 수 있습니
다.</p>
    </div>
</details>
...(반복)
```
------------------------------------------------------------------------
**CSS**
```css
details {
    margin: 0 auto 10px;
    width: 580px;
```

```
}

summary {
    display: flex; /* 질문 문장과 + 아이콘을 가로로 배열하고, 기본 화살표 초기화 */
    justify-content: space-between; /* 좌우 양 끝에 배치 */
    align-items: center; /* 상하 중앙 배치 */
    padding: 20px 30px;
    font-size: 18px;
    background-color: #d6d6d6;
    border-radius: 10px;
    cursor: pointer; /* 커서를 올렸을 때 pointer 표시 지정 */
}

summary::-webkit-details-marker { /* Webkit 계열 브라우저의 삼각형 화살표 초기화 */
    display: none;
}

summary:hover,
details[open] summary { /* 질문 문장을 hover해서 연 뒤의 표시 지정 */
background-color: #bbb;
}

summary::after { /* + 아이콘을 의사 요소로 지정 */
    content: '+';
    margin-left: 30px;
    color: #5b8f8f;
    font-size: 21px;
    transition: transform .5s; /* 열릴 때의 애니메이션 지정 */
}

details[open] summary::after { /* 열린 뒤의 + 아이콘 지정 */
    transform: rotate(45deg); /* 45° 회전 */
}

.answer {
    padding: 20px;
    line-height: 1.6;
}

details[open] .answer {
```

```
    animation: fadein .5s ease; /* 열린 뒤의 동작 지정 */
}

@keyframes fadein { /* 불투명도를 0→1로 하여 페이드인 효과를 줌 */
    0% { opacity: 0; }
    100% { opacity: 1; }
}
```

아코디언은 제목 목록만 나열된 상태에서 원하는 부분만 클릭해서 상세한 내용을 펼쳐볼 수 있는 사용자 인터페이스 요소를 말합니다. FAQ 등에서 자주 이용하는 아코디언은 HTML과 CSS 애니메이션만으로 구현할 수 있습니다. 단순한 기능만 제공해도 큰 문제가 없다면 JavaScript를 이용하지 않아도 됩니다. 먼저 기본 스타일을 초기화합니다.

▶ HTML만 이용해 아코디언을 구현할 수 있을까요?

▼ HTML만 이용해 아코디언을 구현할 수 있을까요?

네. 간이 아코디언이라면 details와 summary 태그를 이용해 구현할 수 있습니다.

⌃ 삼각형 화살표가 붙는 단순한 디자인

브라우저 기본 값에서는 summary 태그에 삼각형 화살표를 표시하는 CSS 코드가 설정되어 있습니다.

```
details > summary:first-of-type {
    display: list-item;
    counter-increment: list-item 0;
    list-style: inside disclosure-closed;
}
```

display: list-item으로 목록의 항목이 설정되어 있습니다. 그리고 list-style: inside disclosure-closed로 details 태그 위젯이 닫힌 상태인 것을 나타내는 기호가 설정되어 있습니다. 위젯이 열린 상태에서는 disclosure-open이 됩니다.

코드에서 summary는 list-style 프로퍼티를 지정해 삼각형 화살표를 표시하므로 list-style: none 또는 display 프로퍼티에 list-item 값이 아닌 다른 값을 지정해 표시되지 않도록 할 수 있습니다. 여기에서는 display: flex를 지정했습니다.

그러나 크롬, 사파리, 엣지는 위 코드에 대응하지 않습니다. Webkit 계열 브라우저의 기본 설정은 다음 코드와 같습니다.

```
summary {
    display: block;
}
```

display: list-item이 아니라 display: block으로 지정되어 있으므로 앞에서 설명한 방법으로 초기화할 수 없습니다.

-webkit- 벤더 프리픽스를 이용해 의사 요소 ::-webkit-details-marker를 이용해 마커인 삼각형 화살표가 표시되지 않도록 합니다.

```
summary::-webkit-details-marker {
    display: none;
}
```

이제 details와 summary 태그를 초기화했으므로 스타일링을 진행합니다.

질문 문장은 summary 태그로 감쌉니다. summary 안의 문장과 + 아이콘을 가로로 배열하기 위해 display: flex를 지정합니다. justify-content: space-between으로 좌우 끝에 배치하고 align-items: center로 상하 중앙에 배치합니다.

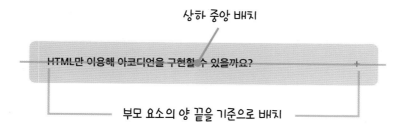

상하 중앙 배치

HTML만 이용해 아코디언을 구현할 수 있을까요?     +

부모 요소의 양 끝을 기준으로 배치

스마트폰에서 표시할 때는 필요하지 않지만, PC에서 표시할 땐 커서를 이용하므로 질문 문장에 커서를 올렸을 때 커서의 표시가 전환되도록 cursor: pointer를 지정합니다.

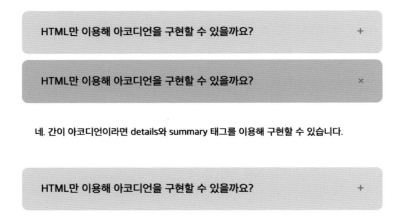

⌃ 아코디언이 열린 후 또는 hover 시에는 열리기 이전의 요소와 구별하기 위해 변화시킨다.

그리고 커서를 올렸을 때, 즉 hover 상태에서 요소가 열리는 것을 시각적으로 알 수 있게 합니다. 또한 열린 요소와 그렇지 않은 요소를 구분하기 위해 summary:hover와 details[open] summary에 background-color: #bbb를 지정해 배경색을 바꿉니다.

+ 아이콘은 의사 요소 ::after로 표시합니다. 질문 문장과 여백을 만들기 위해 margin-left: 30px을 지정합니다. + 아이콘도 열려 있음을 시각적으로 알리기 위해 details[open] summary::after에 transfomr: rotate(45deg)를 지정해 회전합니다.

열려 있음을 표시하기 위해 45° 돌린다

답변 문장을 표시할 때는 애니메이션하면서 표시하도록 details[open].anwser에 animation: fadein .5s ease를 지정합니다. @keyframes faein 안에 0% { opacity: 0; }과 100% { opacity: 1; }을 지정해 0.5초 동안 불투명도를 0에서 1로 바꿉니다. 이것으로 페이드인하면서 답변이 표시됩니다.

## 디자인 노트  Google Maps의 반응형 대응

웹사이트에 Google Maps를 삽입할 때의 반응형 대응에 관해 설명합니다. 가로세로 비율, 즉 종횡비 (apsect ratio)를 유지하면서 화면 크기에 상관없이 깨지지 않고 표시됩니다.

### 코드

```
공통 HTML
<div class="map">
    <iframe src="https://www.google.com/maps/embed?pb=...." width="600"
height="450" style="border:0;" allowfullscreen="" loading="lazy"></
iframe>
</div>
```

## aspect-ratio 프로퍼티를 이용한 구현

aspect-ratio 프로퍼티를 이용하면 짧은 코드로 종횡비를 유지하면서 구현할 수 있습니다.

### 코드

```
CSS
.map {
    aspect-ratio: 16/9;
}

.map iframe {
    width: 100%;
    height: 100%;
}
```

Google Maps에서 얻은 iframe 태그에 width: 100%와 height: 100%를 지정합니다. iframe 태그를 포함하는 부모 요소(.map)에 aspect-ratio로 종횡비를 지정하면 가로와 세로 비율을 유지하면서 반응형 웹에 대응할 수 있습니다.

짧은 코드로 구현할 수 있지만 aspect-ratio 프로퍼티에 대응하는 브라우저에 다소 문제가 있습니다. 사파리는 2021년 4월 이후 버전부터 PC 및 스마트폰에서 이 프로퍼티에 대응하기 때문에, 이전 버전의 사파리 사용자들에게는 위 코드가 동작하지 않습니다.

따라서 현재는 다음에 소개하는 코드를 이용해 대응하면서 상태를 보는 것이 최선입니다.

## 오래된 브라우저를 위한 대응 코드

**코드**

```css
CSS
.map {
    position: relative;
    padding-top: 56.25%; /* 16:9 = 100:x */
    width: 100%;
    height: 0;
}

.map iframe {
    position: absolute;
    top: 0;
    left: 0;
    width: 100%;
    height: 100%;
}
```

종횡비를 지정한 것은 부모 요소(.map)에 지정한 padding-top입니다. 이 값을 %로 지정하면 width의 값 100%를 참조하게 됩니다.

위와 같이 16:9로 지정하면 16:9 = 100:x가 되어 다음 공식으로 계산할 수 있습니다.

$$9(\text{height의 비율}) \div 16(\text{width의 비율}) \times 100 = 56.25\%$$

- 4:3일 때　　　　$3 \div 4 \times 100 = 75\%$
- 3:2일 때　　　　$2 \div 3 \times 100 = 66.6666\%$
- 2.35:1일 때　　$1 \div 2.35 \times 100 = 42.5531\%$
- 1.414:1일 때　$1 \div 1.414 \times 100 = 70.7213\%$
- 1.618:1일 때　$1 \div 1.618 \times 100 = 61.8046\%$

# UI 관점으로 보는
# 문의용 폼 규칙

웹 디자인은 미적인 관점에서만 생각하기 쉽지만,
사실 사용자 인터페이스(UI, User Interface)의 관점도 중요합니다.
문의용 페이지를 예로 사용자가 이용하기 쉬운 폼을
구현하는 포인트를 소개합니다.

# 1 문의에 꼭 필요한 항목으로 한정 짓는다

웹 화면을 구성할 때 '이 입력 항목이 정말로 필요한가?'라고 항상 스스로 질문하세요. '문의에 꼭 필요한 정보인가?', '이후 단계에서 확인할 수 있는 정보는 아닌가?' 만약을 위해 클라이언트에게 물어보지만, 필요하지 않은 경우도 많습니다.

이름

이메일

전화번호

주소

∧ '정말로 필요한가?'라는 의문을 가지고 눈으로 확인하는 것은 매우 중요하다.

불필요한 항목을 삭제하고, 꼭 필요한 정보만으로 한정하면 사용자가 쉽게 입력할 수 있습니다.

이름

이메일

∧ 전화번호와 주소는 나중에 확인해도 크게 문제되지 않을 수 있다.

우편으로 자료를 보내야 하는 자료 요청 폼이라면 주소가 필요합니다. 그러나 온라인에서 메시지를 주고받는 단순한 문의 폼이라면 주소 정보가 필요하지 않을 때도 많으므로 주소 항목을 삭제할 수 있을지 검토합니다. 클라이언트와 상담할 때도 문의 항목을 줄여서 사용자의 수고를 줄입니다.

# 2 입력 필드 수는 최소한으로 한다

이메일 주소의 입력 필드를 @(at) 기호로 나누는 경우가 있습니다. 이메일 주소 정도는 사용자가 쉽게 입력할 수 있으므로 굳이 이렇게 나눌 필요가 없습니다.

**이메일**

mailaddress  gmail.com

⌃ 사용자가 첫 번째 입력 필드에서 다음 입력 필드로 이동해야 하므로 번거롭다.

**이메일**

mailaddress@gmail.com

⌃ 사용자가 @ 기호를 더 간단하게 입력할 수 있다.

@ 기호를 입력하는 것보다 입력 필드를 이동하는 작업이 번거롭게 느껴지는 경우가 많습니다. 반드시 필드를 나누어야 할 이유가 없고 특별한 제약이 없다면 하나의 필드에 입력하도록 하는 편이 좋습니다.

# 3 내용에 따라 입력 필드를 나눈다

## 이름

예전에는 성과 이름을 입력하는 필드를 나누지 않는 것이 좋다는 의견이 많았습니다.

### 이름

> 선우길

⌃ 입력 필드를 이동하지 않아도 되므로 수고가 줄어든다.

하지만 성과 이름을 구분하기 어려운 경우 등을 고려하면 입력 필드를 구분하는 편이 나을 때도 있습니다.

### 이름

> 선우

> 길

⌃ 읽기 어려운 이름을 착각할 위험이 줄어든다.

문의 후 서로의 정보를 교환하는 과정에서 이름을 착각하면 문제가 됩니다. 이름 정보는 정확해야 하므로 입력 필드를 이동하는 과정이 추가되지만, 성과 이름을 구분함으로써 오류를 줄일 수 있습니다. 대부분의 한국인에게는 이 UI가 효과적이라고 생각할 수 있습니다.

그러나 중간 이름(middle name)을 이용하는 사람에게는 그다지 좋지 않은 방식이 됩니다. 중간 이름을 쓰는 사용자에게 2개로 나눈 입력 필드를 제공하면, 중간 이름을 어디에 기입해야 하는지 파악하기 어렵습니다. 따라서 외국인 사용자가 가입하리라 예상되면 중간 이름을 입력하는 필드도 추가합니다.

## 이름

| 피터 | 진 | 헤르난데스 |

⌃ 한국어 어학원처럼 외국인의 가입이 예상되는 웹사이트에 필요하다.

또는 입력 필드를 하나로 모으는 방법도 검토해 볼 수 있습니다.

## 이름

| 피터 진 헤르난데스 |

⌃ 웹사이트 대상에 따라 입력 필드를 하나로 제공하는 선택도 필요하다.

이름 입력 필드는 클라이언트와 상담을 통해 대상에 맞춰 설계하는 것이 가장 좋습니다.

## 주소

스마트폰에서 아파트 이름을 포함한 주소를 입력했을 때, 주소 입력 필드가 1개라면, 주소의 일부가 잘려서 보이지 않게 되는 경우가 있습니다. PC에서는 방향 키로 조작할 수 있지만, 스마트폰에서는 수정할 위치까지 정확하게 이동하기 번거롭습니다.

## 주소

| 도산대로58길 771 1층 제이리움타워 로스엔젤리스 |

⌃ 긴 주소가 잘려서 보이지 않으면 입력 내용을 확인하기 어렵고 수정할 때도 복잡하다

주소 입력 필드는 도로명주소와 건물명으로 나누거나 텍스트 영역으로 지정해 쉽게 입력하도록 할 수 있습니다.

**주소**

서울 강남구 도산대로58길 771

**건물명**

1층 제이리움타워 로스엔젤리스

≪ 주소 입력 필드를 구분해서 스마트폰에서도 입력 내용을 쉽게 확인하고 수정할 수 있다.

# 4 라벨과 입력 필드는 세로로 배열한다

일반적으로 폼의 라벨(입력 항목 이름)과 입력 필드는 세로로 배열하는 것이 좋습니다. 제가 보기에 PC 화면에서 가로로 배열된 입력 필드에 내용을 기입할 때는 별 불편을 느끼지 않았으며 세로 배열과 별반 차이가 없었습니다.

하지만 스마트폰은 이야기가 다릅니다. 화면이 좁은 스마트폰에서 가로 배열을 하면 자연히 입력 필드의 폭이 좁아집니다. 앞에서도 설명했지만, 글자 수가 많은 주소 입력 필드는 가능한 한 화면 가로 폭에 가득 차도록 넓히는 것이 좋습니다.

**주소**    `8길 771 1층 제이리움타워 로스엔젤리스`

&#8743; 라벨과 입력 필드를 가로로 배열하면 주소가 잘려서 보이지 않을 가능성이 있다.

스마트폰에서는 라벨과 입력 필드를 세로로 배열하고, 주소는 2개 정도로 필드를 나누어서 배치하는 것을 추천합니다.

## 주소

`서울 강남구 도산대로58길 771`

## 건물명

`1층 제이리움타워 로스엔젤리스`

&#8743; 스마트폰에서는 세로로 배열해 입력 필드를 가능한 한 넓히는 것이 좋다.

# 5 입력하기 쉽게 그루핑한다

입력 필드를 입력 내용에 통일성이 없이 난잡하게 배열한 폼은 이용하기 어렵습니다. 다음과 같이 회사 정보와 담당자 정보가 이곳저곳 섞이면, 어떤 정보를 입력해야 좋은지 쉽게 파악할 수 없습니다.

| | |
|---|---|
| 회사명 | |
| 담당자명 | |
| 이메일 | |
| 회사전화번호 | |
| 담당자전화번호 | |
| 회사주소 | |

⌄ 담당자 정보와 회사 정보 입력 필드가 뒤섞여 있다.

폼에 입력할 내용에 따라 그루핑을 하면 이런 문제를 해소할 수 있습니다. 다음과 같이 담당자 정보와 회사 정보를 각각 모아서 배열하면 폼 구성을 쉽게 파악할 수 있고 사용자가 쉽게 입력할 수 있습니다.

| | |
|---|---|
| 담당자명 | |
| 이메일 | |
| 담당자전화번호 | |
| 회사명 | |
| 회사전화번호 | |
| 회사주소 | |

⌄ 담당자 정보와 회사 정보를 나누어 그루핑하면 입력하기 쉽다.

# 6 우편번호 검색 서비스를 연결한다

사용자가 주소를 직접 입력하면 번거로우므로 우편번호나 도로명 주소를 검색해서 자동으로 입력하는 기능을 제공합니다.

우    12345        우편번호 찾기

**주소**

서울 강남구 도산대로58길 771

**건물명**

⌃ 우편번호를 검색할 수 있는 버튼을 제공한다.

우편번호 검색 및 입력을 도와주는 Daum 우편번호 서비스 JavaScript 라이브러리인 JavaScript 라이브러리로 postcode.v2.js를 이용하면 편리합니다. 라이브러리를 로드하고 예제의 가이드를 따라 원하는 형태의 주소 입력 기능을 쉽게 제공할 수 있습니다.

**postcode.v2.js**
- 참고 URL: postcode.map.daum.net/guide

다음 코드에서는 도로명 주소 표기 방식에 대한 법령에 따라 내려오는 데이터를 조합하여 올바른 주소를 구성하는 방법을 설명합니다.

**HTML**

```html
<input type="text" id="sample4_postcode" placeholder="우편번호">
<input type="button" onclick="sample4_execDaumPostcode()" value="우편번호 찾기"><br>
<input type="text" id="sample4_roadAddress" placeholder="도로명주소">
<input type="text" id="sample4_jibunAddress" placeholder="지번주소">
<span id="guide" style="color:#999;display:none"></span>
<input type="text" id="sample4_detailAddress" placeholder="상세주소">
<input type="text" id="sample4_extraAddress" placeholder="참고항목">

<script src="//t1.daumcdn.net/mapjsapi/bundle/postcode/prod/postcode.v2.js"></script>
<script>
    function sample4_execDaumPostcode() {
        new daum.Postcode({
            oncomplete: function(data) {
                // 팝업에서 검색 결과 항목을 클릭했을 때 실행할 코드를 작성하는 부분
                // 도로명 주소의 노출 규칙에 따라 주소를 표시한다. 내려오는 변수가 값이 없는 경우엔 공백('') 값을 가지므로, 이를 참고하여 분기한다.
                var roadAddr = data.roadAddress; // 도로명 주소 변수
                var extraRoadAddr = ''; // 참고 항목 변수

                // 법정동명이 있을 경우 추가한다(법정리는 제외). 법정동의 경우 마지막 문자가 "동/로/가"로 끝난다.
                if(data.bname !== '' && /[동|로|가]$/g.test(data.bname)){
                    extraRoadAddr += data.bname;
                }
                // 건물명이 있고, 공동주택일 경우 추가한다.
                if(data.buildingName !== '' && data.apartment === 'Y'){
                    extraRoadAddr += (extraRoadAddr !== '' ? ', ' + data.buildingName : data.buildingName);
                }
                // 표시할 참고 항목이 있을 경우 괄호까지 추가한 최종 문자열을 만든다.
                if(extraRoadAddr !== ''){
                    extraRoadAddr = ' (' + extraRoadAddr + ')';
                }

                // 우편번호와 주소 정보를 해당 필드에 넣는다.
```

```
                document.getElementById('sample4_postcode').value = data.
    zonecode;
                document.getElementById("sample4_roadAddress").value =
    roadAddr;
                document.getElementById("sample4_jibunAddress").value =
    data.jibunAddress;

                // 참고 항목 문자열이 있을 경우 해당 필드에 넣는다.
                if(roadAddr !== ''){
                    document.getElementById("sample4_extraAddress").value
     = extraRoadAddr;
                } else {
                    document.getElementById("sample4_extraAddress").value
     = '';
                }

                var guideTextBox = document.getElementById("guide");
                // 사용자가 [선택 안 함]을 클릭한 경우 예상 주소라는 표시를 해 준다.
                if(data.autoRoadAddress) {
                    var expRoadAddr = data.autoRoadAddress + extraRoadAddr;
                    guideTextBox.innerHTML = '(예상 도로명 주소 : ' + expRoadAddr
     + ')';

                    guideTextBox.style.display = 'block';

                } else if(data.autoJibunAddress) {
                    var expJibunAddr = data.autoJibunAddress;
                    guideTextBox.innerHTML = '(예상 지번 주소 : ' + expJibunAddr
     + ')';

                    guideTextBox.style.display = 'block';
                } else {
                    guideTextBox.innerHTML = '';
                    guideTextBox.style.display = 'none';
                }
            }
        }).open();
    }
</script>
```

뒤에서 설명할 자동 완성(autocomplete) 기능을 이용하면 주소 필드의 값을 자동으로 입력할 수 있지만, 사용자가 미리 주소를 설정해야 하므로 함께 구현하기를 권장합니다.

# 7 자동 완성 기능을 제공한다

HTML의 input 태그에서 autocomplete 속성을 지정하면 브라우저에 설정한 정보를 이용한 자동 완성 기능을 제공합니다. 입력 필드에 몇 글자만 입력해서 사용자가 전에 입력한 값에 따라 입력 값과 비슷한 값을 보여 주고 선택할 수 있게 합니다.

### 이메일

mailaddress@gmail.com

**코드**

```HTML
<h2>이메일</h2>
<input type="email" name="email" autocomplete="email">
```

autocomplete="email"의 email 부분에 입력 내용에 맞춰 autocomplete 속성을 입력합니다.

⌄ autocomplete 속성 값

| 값 | 설명 |
|---|---|
| name | 이름 |
| family-name | 성(last name) |
| given-name | 이름(first name) |
| nickname | 닉네임 |
| postal-code | 우편번호 |
| address-level1 | 시도군구 |
| address-level2 | 읍면동 |
| address-level3 | address-level2 뒤의 도로명 |
| address-level4 | address-level3 뒤의 주소 |

| 값 | 설명 |
|---|---|
| organization | 기업/단체/조직명 |
| organization-title | 조직 내 직함/직책 |
| bday | 생년월일 |
| bd-year | 생년월일 중 연도 |
| bday-month | 생년월일 중 월 |
| bday-day | 생년월일 중 일 |
| email | 이메일 주소 |
| tel | 전화번호 |
| tel-national | 국가번호를 제외한 전화번호 |
| tel-area-code | 시외국번 |
| tel-local | 국가번호와 시외국번을 제외한 전화번호 |
| tel-extension | 내선번호 |
| url | 웹사이트 등의 URL |
| photo | 이미지 URL |

단, 크롬과 사파리에서는 자동 완성하는 정보가 다르거나 name 속성을 정확하게 입력하지 않으면 autocomplete 기능이 작동하지 않을 수 있으므로 구현 내용에 맞춰 확인해야 합니다.

# 8 입력 내용에 맞게 type 속성을 지정한다

input의 type 속성을 입력 내용에 맞춰 지정하면 스마트폰 키보드가 적절하게 전환되어 사용자가 쉽게 입력할 수 있습니다.

```
<input type="tel">
```

⌃ 전화번호, type="tel"

⌃ URL, type="url"

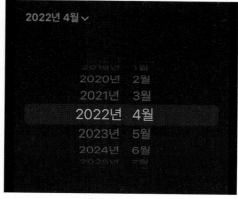

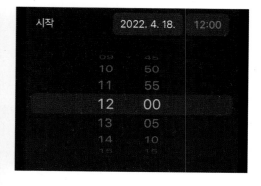

⌃ 연월, type="month"

⌃ 시간, type="time"

| 시작 | 2022. 4. 18. |
|---|---|

**2022년 4월 ›**  〈  〉

| 일 | 월 | 화 | 수 | 목 | 금 | 토 |
|---|---|---|---|---|---|---|
|  |  |  |  |  | 1 | 2 |
| 3 | 4 | 5 | 6 | 7 | 8 | 9 |
| 10 | 11 | 12 | 13 | 14 | 15 | 16 |
| 17 | 18 | 19 | 20 | 21 | 22 | 23 |
| 24 | 25 | 26 | 27 | 28 | 29 | 30 |

⌃ 연월일, type="date"

| 시작 | 2022. 4. 18. | 12:00 |
|---|---|---|

**2022년 4월 ›**  〈  〉

| 일 | 월 | 화 | 수 | 목 | 금 | 토 |
|---|---|---|---|---|---|---|
|  |  |  |  |  | 1 | 2 |
| 3 | 4 | 5 | 6 | 7 | 8 | 9 |
| 10 | 11 | 12 | 13 | 14 | 15 | 16 |
| 17 | 18 | 19 | 20 | 21 | 22 | 23 |
| 24 | 25 | 26 | 27 | 28 | 29 | 30 |

⌃ 날짜와 시간, type="datetime-local"

⌃ 색상, type="color"

# 9 스마트폰에서도 탭하기 쉽게 디자인한다

스마트폰에서의 라디오 버튼이나 체크 상자는 브라우저 기본 값의 탭 영역이 좁아 조작하기 어렵습니다. 의도하지 않은 탭으로 불필요한 스트레스를 주지 않도록 합니다.

### 설문 종류

◉ 자료를 요청하고 싶습니다
◯ 문의를 하고 싶습니다
◯ 채용 모집에 지원하고 싶습니다

### 사용하는 브라우저

☐ Chrome ☐ Firefox ☐ Safari
☐ Edge ☐ Opera ☐ 기타

⌃ 라디오 버튼과 체크 상자. 탭 영역이 좁아 스마트폰에서 터치하기 어렵다.

탭 영역을 넓혀 쉽게 조작할 수 있게 만듭니다. 텍스트 부분이 탭 영역이므로 padding을 이용해 크기를 늘립니다.

### 설문 종류

⦿ 자료를 요청하고 싶습니다

◯ 문의를 하고 싶습니다

◯ 채용 모집에 지원하고 싶습니다

### 사용하는 브라우저

☑ Chrome   ☐ Firefox

☐ Safari   ☐ Edge   ☑ Opera

☐ 기타

배경색을 입혀 탭 영역을 명확하게 표시하고, 라디오 버튼이나 체크 상자의 ON/OFF 스타일을 구분하면 사용자가 이용하기 쉽습니다.

HTML

```
<form>
    <h2>설문 종류</h2>
    <div class="radio_list">
        <label class="radio_item">
            <input type="radio" name="radio-item" class="form_input" checked>
            <span class="radio_label">자료를 요청하고 싶습니다</span>
        </label>
        <label class="radio_item">
            <input type="radio" name="radio-item" class="form_input">
            <span class="radio_label">문의를 하고 싶습니다</span>
        </label>
        <label class="radio_item">
            <input type="radio" name="radio-item" class="form_input">
            <span class="radio_label">채용 모집에 지원하고 싶습니다</span>
        </label>
    </div>

    <h2>사용하는 브라우저</h2>
    <div class="checkbox_list">
        <label class="checkbox_item">
            <input type="checkbox" name="checkbox-item" class="form_input">
            <span class="checkbox_label">Chrome</span>
        </label>
        <label class="checkbox_item">
            <input type="checkbox" name="checkbox-item" class="form_input">
            <span class="checkbox_label">Firefox</span>
        </label>
        <label class="checkbox_item">
            <input type="checkbox" name="checkbox-item" class="form_input">
            <span class="checkbox_label">Safari</span>
        </label>
        <label class="checkbox_item">
            <input type="checkbox" name="checkbox-item" class="form_input">
            <span class="checkbox_label">Edge</span>
        </label>
        <label class="checkbox_item">
            <input type="checkbox" name="checkbox-item" class="form_input">
            <span class="checkbox_label">Opera</span>
```

```html
      </label>
      <label class="checkbox__item">
          <input type="checkbox" name="checkbox-item" class="form__input">
          <span class="checkbox__label">기타</span>
      </label>
    </div>
</form>
```

----------------------------------------------------------------

**CSS**

```css
/* 라디오 버튼 스타일 */
.radio__list {
    margin-bottom: 50px;
}

.radio__item {
    display: block;
    margin-bottom: 20px;
}

input[type="checkbox"],
input[type="radio"] { /* 체크 상자와 라디오 버튼 스타일 리셋 */
    position: absolute;
    white-space: nowrap;
    width: 1px;
    height: 1px;
    overflow: hidden;
    border: 0;
    padding: 0;
    clip: rect(0 0 0 0);
    clip-path: inset(50%);
    margin: -1px;
}

.radio__label {
    display: flex; /* 라디오 버튼과 라벨 가로 배열 */
    align-items: center; /* 라디오 버튼과 라벨 상하 중앙 정렬 */
    padding: 10px 20px;
    font-size: 21px;
    font-weight: 700;
```

```css
    line-height: 1;
    background-color: #c9d8e2;
    border: 3px solid #96aab7;
    border-radius: 10px;
}

.radio_label::before { /* 오리지널 라디오 버튼 */
    content: '';
    display: inline-block;
    margin-right: 20px;
    width: 25px;
    height: 25px;
    background-color: #fff;
    border: 2px solid #96aab7;
    border-radius: 25px;
}

input.form_input:checked ~ .radio_label { /* checked 상태의 버튼 스타일 */
    color: #f4f4f4;
    background-color: #053e62;
}

input.form_input:focus ~ .radio_label { /* focus 상태의 버튼 스타일 */
    border: 3px solid #0277b4;
    box-shadow: 0 0 8px #0277b4;
}

input.form_input:checked ~ .radio_label::before {
/* checked 상태의 라디오 버튼 스타일 */
    background-color: #0277b4;
    background-image: radial-gradient(#fff 29.5%, #0277b4 31.5%);
    border: 2px solid #053e62;
}

/* 체크 상자 스타일 */
.checkbox_list {
    display: flex; /* 체크 상자 아이템 가로 배열 */
    flex-wrap: wrap; /* 줄 바꿈 지정 */
    gap: 20px; /* 체크 상자 아이템 사이의 여백 지정 */
```

```
    }

    .checkbox__item {
        display: inline-block;
    }

    .checkbox__label {
        display: flex; /* 체크 상자와 라벨 가로 배열 */
        align-items: center; /* 체크 상자와 라벨 상하 중앙 정렬 */
        position: relative; /* 의사 요소 ::after의 위치 기준 */
        padding: 10px 20px;
        font-size: 21px;
        font-weight: 700;
        line-height: 1;
        background-color: #c9d8e2;
        border: 3px solid #96aab7;
        border-radius: 10px;
    }

    .checkbox__label::before { /* 오리지널 체크 상자 */
        content: '';
        display: inline-block;
        margin-right: 20px;
        width: 25px;
        height: 25px;
        background-color: #fff;
        border: 2px solid #96aab7;
        border-radius: 6px;
    }

input.form__input:checked ~ .checkbox__label { /* checked 상태의 버튼 스타일 */
        color: #f4f4f4;
        background-color: #053e62;
    }


input.form__input:focus ~ .checkbox__label { /* focus 상태의 버튼 스타일 */
        border: 3px solid #0277b4;
        box-shadow: 0 0 8px #0277b4;
```

```css
}

input.form__input:checked ~ .checkbox__label::before {
/* checked 상태의 체크 상자 스타일 */
    background-color: #0277b4;
    border: 2px solid #053e62;
}

input.form__input:checked ~ .checkbox__label::after {
/* checked 상태의 체크 마크 스타일 */
    content: '';
    position: absolute;
    top: 50%;
    left: 26px;
    transform: translateY(-50%) rotate(-45deg);
    width: 14px;
    height: 4px;
    border-bottom: 3px solid #f4f4f4;
    border-left: 3px solid #f4f4f4;
}
```

# 10 필수 항목은 알기 쉽게 표시한다

필수 항목을 표현하기 위해 애스터리스크(asterisk, *)를 이용하는 폼이 많습니다. 그러나 이러한 통상적인 표기법을 모르는 사용자에게는 그저 장식으로 보일 뿐입니다.

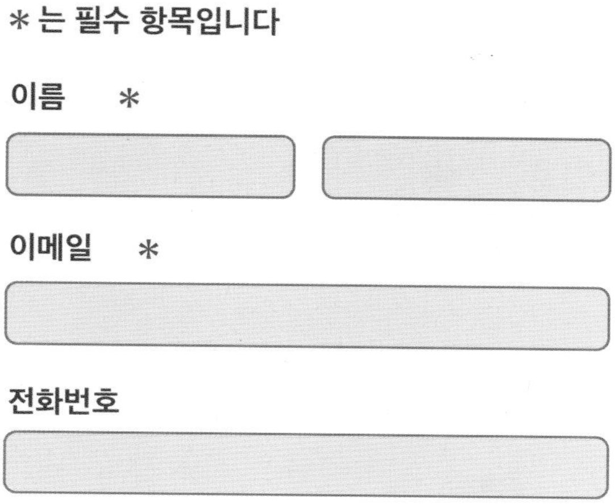

**＊ 는 필수 항목입니다**

**이름**　＊

**이메일**　＊

**전화번호**

⌃ * 기호의 의미를 모르는 사용자들도 있다.

필수 항목임을 알기 쉽도록 명확하게 표시합니다.

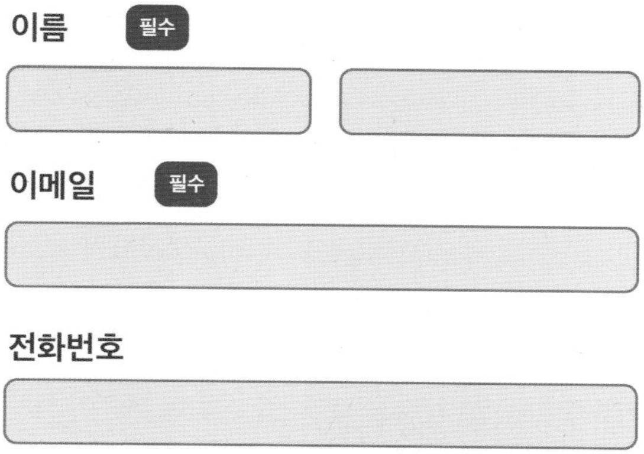

**이름**　`필수`

**이메일**　`필수`

**전화번호**

사용자에 따라 필수 항목뿐만 아니라 선택 항목도 표시하면 더욱 작성하기 쉬운 폼이 됩니다.

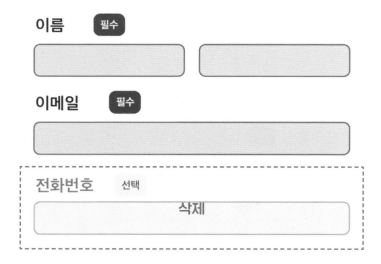

**이름** 필수

**이메일** 필수

**전화번호** 선택

임의로 입력하지 않아도 되는 필드라면 해당 입력 항목 자체를 삭제하는 것도 검토합니다.

**이름** 필수

**이메일** 필수

**전화번호** 선택

삭제

Web Design Idea Recipe

# 11 라벨, 예시문, 보충 설명은 폼 밖으로 분리한다

플레이스홀더(placeholder)에 라벨(입력 항목 이름)이나 예시문을 표시하는 것은 좋지 않습니다. 입력 필드를 선택하고 입력을 시작하면 플레이스홀더가 사라지기 때문에 그 내용을 확인하기 어렵습니다.

| 성 | 이름 |

| 이메일 |

| 전화번호 |

☆ 플레이스홀더는 필드 안에 기입된 도움말 텍스트입니다.

플레이스홀더에 라벨을 입력해 둔 경우, 실제 내용을 입력하면 그 내용을 지우기 전에는 어떤 항목인지 확인할 수 없습니다.

| 선우 | 길 |

| m |

| 010-1234-5678 |

☆ 이메일 주소 항목 이름이 사라져버린다.

사용자가 정확하게 입력했다면 문제가 없겠지만, 만약 잘못 입력한 뒤에 검증 과정에서 발견되었을 때는 확인하기도 번거롭습니다.

그리고 예시문이 있는 경우에는 무엇을 입력할지 확인했다 하더라도, 어떤 형식으로 입력하는 것이 좋은지도 알기 어렵습니다.

**이름**

| 선우 | 길 |

**이메일**

| mailaddress@gmail.com |

**전화번호**

| 010-1234-5678 |

예를 들어 전화번호나 우편번호를 입력할 때 하이픈(-)이 필요한지 아닌지 등은 입력한 내용을 삭제해야만 확인할 수 있습니다.

**전화번호**

| 010 |

**전화번호**

| 010 |
예) 010-1234-5678

⌃ 플레이스홀더에 예시문이 있으면 입력한 내용을 삭제해야만 예시문의 내용을 알 수 있다.

⌃ 입력 필드 아래 예시문을 기입하면 항상 확인할 수 있다.

따라서 입력 항목이나 사용자 입력을 보조하는 정보는 입력 필드 밖에 기입합니다.

**이름**

| | |
예) 선우　　　　　예) 길

**이메일**

| |
예) mailaddress@gmail.com

**전화번호**

| |
예) 010-1234-5677

# 12 오류 메시지는 항목별로 표시한다

오류 메시지를 폼 위쪽에 모아서 표시하는 폼을 보았을 것입니다. 이런 배치는 정확히 어떤 항목이 오류 대상인지 확인하기 어렵습니다.

> 이름은 필수 항목입니다.
> 이메일은 형식에 맞게 입력해주세요.
> 전화번호는 숫자로 입력해주세요.

**이름** `필수`

**이메일** `필수`

myemail/mail

**전화번호**

공일공일이삼사

≪ 어떤 입력 필드 때문에 오류가 발생했는지 알기 어렵다.

사용자가 오류가 발생한 위치를 찾는 수고를 줄이기 위해, 오류 메시지를 항목별로 표시해 직관적으로 쉽게 알 수 있도록 만들면 나중에 수정하기도 쉬워집니다.

**이름** `필수`

이름은 필수 항목입니다. | 이름은 필수 항목입니다.

**이메일** `필수`

myemail/mail

이메일은 형식에 맞게 입력해주세요.

**전화번호**

공일공일이삼사

전화번호는 숫자로 입력해주세요.

# 13 HTML로 간이 폼 검증을 구현한다

폼 검증(form validation)은 사용자가 작성한 입력 필드의 값이 정해진 제약 조건에 맞는지 검사하고 잘못 입력한 경우 알림 메시지를 보여주는 과정을 말합니다. 예를 들어 이메일 주소에 @ 기호를 넣는 다거나 전화번호에 −을 입력해야 하는 경우가 있습니다. 폼 검증은 일반적으로 JavaScript를 이용해 구현하지만 구현 비용이 높은 편입니다. 하지만 간단한 폼 검증이라면 HTML만으로도 구현할 수 있습니다.

어디까지나 간이 검증 기능이기는 하나, 입력 오류로 인한 이탈을 줄일 수 있도록 HTML을 이용한 검증을 구현해 두는 게 더 편리합니다.

예를 들어, 항목이 이메일 주소라면 type 속성에서 email을 지정합니다. 이메일 주소 형식으로 입력하지 않으면 폼 검증에서 유효(valid) 판정을 하지 않도록 pattern 속성 값으로 제어합니다.

**코드**

```html
<input type="email" pattern="[a-z0-9._%+-]+@[a-z0-9.-]+\.[a-z]{2,3}$"
id="email" name="email" required>
```

pattern 속성을 지정하는 pattern=""에 HTML 검증용 정규 표현을 입력해서 제어할 수 있습니다.

| type 속성 | 내용 |
|---|---|
| email | 이메일 주소 |
| tel | 전화번호 |
| url | URL |

| pattern 속성 값 | 내용 |
|---|---|
| {5,} | 5글자 이상 |
| {5,8} | 5글자에서 8글자 |
| ^[0-9A-Za-z]+$ | 반각 영문자 |
| [a-z0-9._%+-]+@[a-z0-9.-]+₩.[a-z]{2,3}$ | 이메일 주소 |
| ₩d{5} | 우편번호 |
| ₩d{2,3}-?₩d{3,4}-?₩d{3,4} | 전화번호 |
| ^http(ls)://[0-9a-zA-Z/#&?%₩.₩-₩+_=]+$ | URL |

⌄ 검증 구현 시 자주 이용하는 type과 pattern 속성 값 목록

(참고 URL: qiita.com/ka215/items/795a179041c705bef03b)

# 14 구별이 중요한 버튼을 디자인하고 배치하는 법

입력 내용을 확인하는 페이지에서 자주 볼 수 있는 〈보내기〉 버튼과 〈수정하기〉 버튼의 조합을 살펴봅니다. 사용자가 입력 내용을 작성하면 〈보내기〉 버튼을 클릭하는 경우가 대부분일 것입니다. 하지만 두 버튼의 색상만 다르게 하면 사용자가 잘못된 버튼을 클릭할 가능성이 있습니다.

<table>
<tr><td>수정하기</td><td>보내기</td></tr>
</table>

≫ 이런 버튼 스타일과 배열은 사용자가 의외로 착각하기 쉽다.

<table>
<tr><td>보내기</td><td>수정하기</td></tr>
</table>

≫ 보내기 버튼이 왼쪽에 있는 폼은 사용자가 착각하기 쉽다.

〈수정하기〉 버튼을 클릭하는 비중이 훨씬 낮은 점을 고려한다면, 〈수정하기〉는 텍스트로 표시하고 〈보내기〉만 버튼으로 표시해 후자의 위상을 높이는 것이 좋습니다. 또한 두 요소의 배열을 가로에서 세로로 바꾸어 〈보내기〉 버튼을 더욱 눈에 띄도록 하면 사용자의 실수를 줄일 수 있습니다.

수정하기 　　　보내기

≫ 텍스트와 버튼, 스타일을 명확하게 바꾸면 파악하기 쉬워진다.

| 보내기 | 입력한 내용을 보내기 |
|---|---|
| 수정하기 | 수정하기 |

≫ 버튼을 세로로 배열하면 보내기 버튼에 시선이 집중된다.

≫ 보내기 버튼의 라벨을 읽도록 유도하면 선택 실수를 줄일 수 있다.

# 15 전화로 문의 방법의 선택지를 늘린다

문의는 반드시 문자 형태의 폼으로만 진행해야 할까요? 상황에 따라 전화로 대응할 수 있는 방법도 제공하는 것이 좋습니다.

## 전화 문의

## 010-1234-5678

### 평일 09:00 - 17:00

## 폼 문의

**이름**

**이메일**

≫ 폼뿐만 아니라 전화 문의도 가능함을 명시한다.

문의 방법의 선택지를 명확하게 기입해야 합니다. 폼에 입력하기를 어려워하는 사용자도 있으므로, 대상이나 문의 내용에 따라 다양한 방법을 제시합니다.

# 16 감사 페이지에 콘텐츠를 연결한다

문의 후에 감사 페이지를 표시하는 페이지가 많습니다. 그러나 대부분의 웹사이트에서는 첫 페이지로 이동하도록 안내하기만 합니다. 이는 이탈률을 높이기 때문에 추천하지 않습니다.

## 문의해주셔서 감사합니다.

문의 내용을 확인하고
최대 3 영업일 이내에 연락드리겠습니다.

첫 페이지로 이동

≪ 첫 페이지로 유도하기만 하면 이탈률이 높아진다.

감사 페이지에서 문의한 사용자에게 웹사이트의 콘텐츠를 제안하면 효과적입니다. 블로그 포스트나 서비스 등의 콘텐츠, FAQ, SNS 링크 모음 등을 게재하면 다음 동작으로 연결되기 쉽습니다.

## 블로그 포스트

# 문의해주셔서 감사합니다.

**문의 내용을 확인하고
최대 3 영업일 이내에 연락드리겠습니다.**

**아래 블로그 포스트에서
최신 콘텐츠도 확인하실 수 있습니다**

| Blog | Blog | Blog |
|------|------|------|

**여기에 블로그 포스트
배열**

**여기에 블로그 포스트
배열**

**여기에 블로그 포스트
배열**

**블로그 포스트 보기**

## 서비스 목록

# 문의해주셔서 감사합니다.

**문의 내용을 확인하고
최대 3 영업일 이내에 연락드리겠습니다.**

**아래에서 당사가 제공하는 서비스 관련
최신 정보를 확인하실 수 있습니다**

| 서비스명 | 서비스명 |
|---------|---------|
| 서비스명 | 서비스명 |

## FAQ

### 문의해주셔서 감사합니다.

문의 내용을 확인하고
최대 3 영업일 이내에 연락드리겠습니다.

아래에서 자주 묻는 질문들과
그에 관한 답변도 확인하실 수 있습니다.

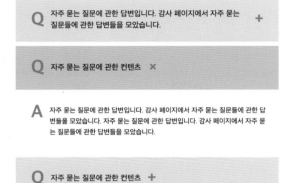

Q 자주 묻는 질문에 관한 답변입니다. 감사 페이지에서 자주 묻는 질문들에 관한 답변들을 모았습니다.  +

Q 자주 묻는 질문에 관한 컨텐츠  ✕

A 자주 묻는 질문에 관한 답변입니다. 감사 페이지에서 자주 묻는 질문들에 관한 답변들을 모았습니다. 자주 묻는 질문에 관한 답변입니다. 감사 페이지에서 자주 묻는 질문들에 관한 답변들을 모았습니다.

Q 자주 묻는 질문에 관한 컨텐츠  +

FAQ 보러가기

## SNS 링크 모음

### 문의해주셔서 감사합니다.

문의 내용을 확인하고
최대 3 영업일 이내에 연락드리겠습니다.

당사가 운영하는 SNS 채널을 통해
최신 소식을 확인하실 수 있습니다.

Twitter  Facebook
Instagram  LINE

# 실무에서 유용한
# 웹 도구와 리소스 배포 웹사이트

웹사이트 제작 시 편리하게 이용할 수 있는 도구와
높은 품질의 리소스를 배포하는 웹사이트를 소개합니다.
실무에서 곧바로 활용할 서비스도 함께 소개합니다.

# 1 디자인과 코딩이 편해지는 웹 도구

### Beautiful CSS 3D Transform Examples

CSS만 이용해 표현한 3D 디자인용 코드를 얻을 수 있는 도구입니다. transform을 이용해 얼마나 입체적인 표현을 할 수 있는지 확인합니다. hover를 이용한 애니메이션이나 div 하나로 의사 요소를 구현한 코딩에 응용할 수 있으므로 코딩 학습에도 도움이 됩니다.

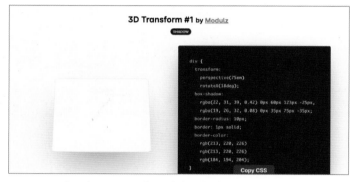

⌃ polypane.app/css-3d-transform-examples

### Blob Maker

동그스름한 모양의 이미지를 SVG 파일이나 HTML 태그로 얻을 수 있는 도구입니다. 색상이나 배경 패턴, 배경 이미지를 배치할 수도 있습니다.

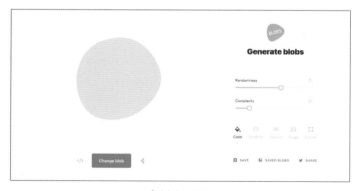

⌃ blobs.app

## wordmark

PC에 설치한 폰트 목록을 확인할 수 있는 도구입니다. 이용하지 않는 폰트는 금방 잊기 십상이라서 나중에 '이 폰트도 설치했구나!'라고 놀라는 일도 종종 있으므로 가끔씩 확인하기를 추천합니다.

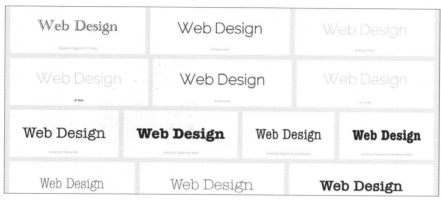

⌃ wordmark.it

## Frontend Toolkit

프런트엔드 개발을 지원하는 도구입니다. JPG나 SVG 등의 이미지 최적화, 색상 코드 변환, CSS나 JavaScript 같은 코드 포맷 등의 도구를 한 페이지에 모았습니다.

⌃ www.fetoolkit.io

## Neumorphism.io

CSS로 뉴모피즘(Neumorphism)을 설정하기 위한 도구입니다. 뉴모피즘이란 부드러운 그림자로 화면상의 객체를 배경과 구분하여 자연스럽게 튀어나온 것처럼 표현하는 디자인 기법입니다.

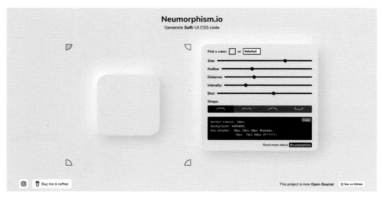

⌃ neumorphism.io

## Griddy

CSS의 grid 레이아웃을 시각적으로 설정할 수 있는 도구입니다. grid-template-columns와 GridTemplate Rows, column-gap 등 세세한 설정을 할 수 있습니다. 화면 레이아웃을 코드로 구성하기 전에 여기에서 확인하세요.

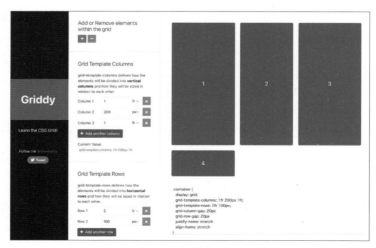

⌃ griddy.io

# 2 사진 리소스

## Pexels

아름다운 색상이 가득한 사진 리소스를 제공합니다. '비즈니스' 같은 키워드로 검색하면 이용하기 좋은 수많은 리소스를 찾을 수 있습니다.

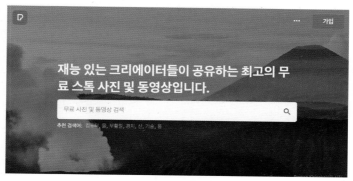

⌃ www.pexels.com/ko-kr

## Free Stock Photos - BURST

높은 품질의 사진 리소스를 배포하는 웹사이트입니다. 메인 비주얼이나 섬네일로 유용한 이미지가 많습니다.

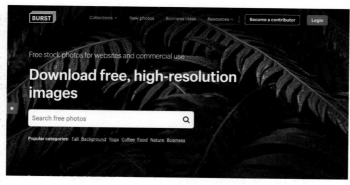

⌃ burst.shopify.com

## GIRLY DROP(일본어 사이트)

소녀 감성의 무료 사진 리소스 사이트입니다. 귀여운 분위기로 이미 가공되어 있어 그대로 사용해도 좋습니다. 귀여운 취향의 디자인을 만든다면 꼭 확인하기를 추천합니다.

︿ girlydrop.com

## O-DAN

전세계 무료 사진 리소스 사이트 교차 검색을 지원하는 웹사이트입니다. 수많은 리소스들 사이에서 짧은 시간에 검색을 할 수 있습니다.

︿ o-dan.net/en

# 3  일러스트 리소스

### soco-st(일본어 사이트)

단순하고 이용하기 쉬운 일러스트 리소스입니다. PNG, SVG, EPS 형식을 제공합니다. EPS는 이미지 패스에 아웃라인이 적용되어 있지 않아 선의 굵기도 변경할 수 있습니다. 이 웹사이트는 '어디서든 이용할 수 있는 리소스 모음'을 목표로 하고 있어, 다양한 일러스트를 제공합니다.

## Loose Drawing(일본어 사이트)

사람이나 사물 일러스트는 물론 시사 풍자 액션을 나타내는 일러스트 등 섬세하고 재미있는 일러스트를 제공합니다. 웹사이트를 둘러보면 의외의 리소스를 발견할 수 있을 것입니다.

⌃ loosedrawing.com

## tyoudoii-illust(일본어 사이트)

제목을 해석한 그대로 '딱 좋은 일러스트'를 풍부하게 제공하는 리소스 웹사이트입니다. 비즈니스, 의료, 일상생활에 관련된 일러스트가 많아서 다양한 곳에 이용할 수 있습니다.

⌃ tyoudoii-illust.com

## shigureni free illust(일본어)

여자 아이의 일상을 담은 일러스트 리소스 웹사이트입니다. 일상에서 자주 마주하는 장면을 일러스트로 제공하므로 블로그 기사 등의 이미지로 활용하기 좋습니다. 고양이가 무척 귀엽습니다.

⌃ www.shigureni.com

## 일러스트 내비(일본어 사이트)

다양한 취향의 일러스트를 제공하는 리소스 웹사이트입니다. 개성 있는 손 그림이 많아 배너 등에 이용하면 훌륭한 효과를 낼 수 있습니다. 테마별로 리소스를 모은 무료 리소스 세트를 이용하면 웹사이트 안에서 통일감을 만들기도 좋습니다.

⌃ illust-navi.com

## Linustock(일본어 사이트)

단순하면서도 높은 품질의 선형 이미지를 이용하고 싶다면 Linustock을 참고합니다. 범용성이 높은 이미지들을 제공하며 '아보카도로 프로포즈(アボカドでプロポーズ)', '심쿵해요(キュンです)' 등 재미있는 일러스트들이 가득해 보는 것만으로도 즐거운 웹사이트입니다.

≫ www.linustock.com

## Open Peeps

다양한 부속들을 조합해 일러스트를 만들 수 있는 웹사이트입니다. 표정이 풍부한 캐릭터도 만들 수 있습니다.

≫ www.openpeeps.com

# 구글 검색 결과 페이지 필수 팁

구글 검색에 대한 대책으로 흔히 SEO(검색 엔진 최적화)를 떠올리겠지만
아무리 상위 노출을 유지한다 해도 표시되는 콘텐츠,
표시하는 방법에 따라 그 효과는 천차만별입니다.
구글로 정보를 전달하는 구조화된 데이터 구현 방법을 소개합니다.

# 1 구글 검색 결과에 필요한 고려 사항

웹사이트 운영을 시작하는 즈음에는 구글 검색 순위를 위한 SEO(검색 엔진 최적화) 대책을 고민해야 합니다. 하지만 아무리 검색 노출 순위가 좋아도 사용자의 클릭을 유도하지 못하면 의미가 없습니다. 따라서 검색 결과에 표시되는 정보에도 신경을 써야 합니다.

검색 결과에 표시되는 대표적인 정보로는 페이지 타이틀 <title></title>과 설명문 <meta name="description" content="">를 들 수 있지만, 이외에도 여러 방법으로 직접 대책을 세울 수 있습니다.

https://www.naver.com ▼
NAVER
뉴스스탠드 바로가기 주제별캐스트 바로가기 타임스퀘어 바로가기 쇼핑캐스트 바로가기 로그인 바로가기.
NAVER whale 모바일 인스타그램을 PC에서?
이 페이지를 여러 번 방문했습니다. 최근 방문 날짜: 22. 3. 14

로그인
NAVER · ID 로그인 · 일회용 번호 · QR코드. PC방 등 공용PC라면 ...

사전
네이버 영어사전 - 국어 - 일본어 - 한자 - 중국어 - ...

지도
공간을 검색합니다. 생활을 연결합니다. 장소, 버스, 지하철, 도로 등 ...

쇼핑
네이버쇼핑 홈 · CATEGORY 대분류 · 인기상품 · 추천태그 · 쇼핑몰 소 ...

naver.com 검색결과 더보기 ❯

⌃ 구글에서 '네이버'를 검색한 결과

구조화 데이터를 입력하고 검색 엔진에 세부적인 정보를 인식시켜, 검색 결과 페이지에 적절하게 표시되는 동시에 추가 정보를 바탕으로 리치 결과(rich result)를 표시할 수 있습니다. 리치 결과란 검색 결과에 웹사이트 타이틀과 내용뿐 아니라 웹사이트 세부 정보를 항목별로 나타낸 것입니다. 리치 결과는 현재 31개이며(2022년 1월 현재 기준), 이벤트 정보나 웹사이트 이동 경로, FAQ 등의 정보를 추가할 수 있습니다.

적절한 정보를 전송해서 경쟁 웹사이트보다 매력적인 정보를 담은 페이지로 어필하는 것은 매우 중요합니다. 여기에서는 실무에서 자주 이용되는 4가지 구조화 데이터를 소개합니다.

**보충 설명**

HTML에 구조화 데이터를 입력할 때는 기본적으로 3가지 서식 'JSON-LD', 'microdata', 'RDFa'를 이용합니다. 이 책에서는 구글이 권장하는 'JSON-LD'를 이용하는 방법을 소개합니다.

Web Design Idea Recipe

# 2 아티클 정보 입력하기

블로그나 알림, 최신 정보 등 아티클 정보를 발송하기 위한 구조화 데이터입니다. @type(아티클 타입)을 지정하고 페이지나 저자, 웹사이트 정보를 입력합니다.

조건에 따라 구글 검색 결과의 '주요 뉴스'에 표시되는 경우가 있으며, 이곳에 게재되면 유입률이 높아질 수 있습니다.

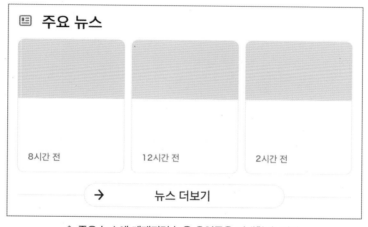

≪ 주요 뉴스에 게재되면 높은 유입률을 기대할 수 있다.

**코드**

```html
HTML
<html>
    <head>
        <title>아티클 제목</title>
        <script type="application/ld+json">
        {
            "@context": "https://schema.org",
            "@type": "BlogPosting", /* 아티클 타입 */
            "mainEntityOfPage": {
                "@type": "WebPage",
                "@id": "페이지URL"
```

```
                },
            "headline": "아티클 제목",
            "description": "설명문",
            "image": "섬네일 이미지 URL",
            "author": { /* 저자 정보 */
                "@type": "Person",
                "name": "저자명",
                "url": "저자 프로필 페이지 URL"
            },
            "publisher": { /* 사이트 정보 */
                "@type": "Organization",
                "name": "사이트명",
                "logo": {
                    "@type": "ImageObject",
                    "url": "사이트 로고 이미지 URL"
                }
            },
            "datePublished": "2021-01-27T15:20:30+09:00",
            /* 아티클 최초 공개 일시 */
            "dateModified": "2021-01-28T09:10:55+09:00"
            /* 아티클 최후 변경 일시 */
        }
    </script>
    </head>
    <body>
    </body>
</html>
```

## 아티클 타입

- Article: 뉴스 기사나 블로그 포스트 등 다양한 타입의 아티클에 대응
- NewsArticle: 뉴스 기사에 대응
- Blogposting: 블로그 포스트에 대응

아티클 타입을 무엇으로 설정할지 모를 때는 Article을 지정합니다.

282

## 날짜 및 시간 입력 방법

공개일 및 변경일 모두 ISO 8601 형식으로 입력합니다.

```
2021-01-27T15:20:30+09:00
```

얼핏 어렵게 보이지만, 한 번만 이해하고 나면 간단히 업데이트할 수 있습니다. ISO 8601 형식으로 입력한 날짜 및 시간은 다음과 같이 세 덩어리로 분해할 수 있습니다.

- 2021-01-27: 연-월-일(2021년 1월 27일)
- T15:20:30: 맨 앞에 T를 입력한 뒤 시:분:초(15시 20분 30초)
- +09:00: 한국 표준시는 그리니치 표준시(UTC)보다 9시간 빠르므로 +9:00로 지정합니다.

한국 이외에서 게시 및 업데이트를 할 때는 해당 국가의 시간대로 변경해야 합니다.

### 디자인 노트  리치 결과 테스트

페이지에 입력한 구조화 데이터의 정확성 여부를 확인할 수 있는 웹 도구입니다. 구조화 데이터를 만들었다면 반드시 검증하는 것을 권장합니다.

### 리치 결과 테스트

⩘ search.google.com/test/rich-results

# 3 웹사이트 이동 경로 설정하기

웹사이트 이동 경로를 설정하면 검색 결과 페이지 제목에 표시됩니다. 계층을 알기 쉽도록 하는 것은 사용자는 물론 구글을 위해서도 중요하므로, 첫 페이지 이외의 하위 페이지에는 반드시 웹사이트 이동 경로(BreadcrumbList)를 설정하는 것이 좋습니다.

https://www.thoughtworks.com › insights ▾

Insights | Thoughtworks

Rooted in a culture of learning and sharing, we believe that knowledge should be accessible for all. We are committed to improving the tech industry and are ...

Technology · Business Go to business insights · Articles

⌃ 방문하지 않아도 계층 구조를 알 수 있는 웹사이트 이동 경로(빵 부스러기 목록)

**코드**

```html
HTML
<html>
    <head>
        <title>페이지 제목</title>
        <script type="application/ld+json">
        {
            "@context": "https://schema.org/",
            "@type": "BreadcrumbList",
            "itemListElement": [{
                "@type": "ListItem",
                "position": 1, /* 1번째 계층(첫 페이지) */
                "name": "톱",
                "item": "https://pulpxstyle.com"
            },{
                "@type": "ListItem",
                "position": 2, /* 2번째 계층(카테고리 페이지) */
                "name": "카테고리",
                "item": "https://pulpxstyle.com/category/"
            },{
```

```
            "@type": "ListItem",
            "position": 3, /* 3번째 계층(아티클 페이지)*/
            "name": "아티클 제목",
            "item": "https://pulpxstyle.com/post01/"
        }]
    }
    </script>
  </head>
  <body>
  </body>
</html>
```

@type에 BreadcrumbList를 지정합니다. position으로 계층을 명시하고 name으로 각각의 페이지 제목을 지정하고, item에 각각의 페이지 URL 페이지를 지정합니다. 더욱 깊은 계층을 기술할 때는 쉼표(,)로 구분해서 입력합니다.

**디자인 노트**  구글 공식 웹사이트의 구조화 데이터 설명 페이지

구글 공식 웹사이트에는 구조화 데이터 입력 방법을 설명한 페이지가 있습니다. 이 책에서 설명하지 않은 내용이 많으므로, 함께 읽어 보면 이해하는 데 도움이 될 것입니다.

**검색 갤러리 탐색하기**

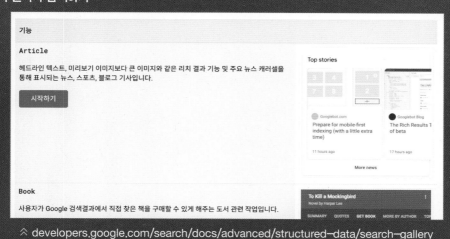

developers.google.com/search/docs/advanced/structured-data/search-gallery

# 4 FAQ(자주 묻는 질문) 노출하기

FAQ(자주 묻는 질문)은 검색 결과 페이지에 아코디언 형식으로 표시됩니다. 원하는 정보가 포함되어 있는 것을 기대할 수 있도록 사용자의 고민에 맞는 내용으로 설정하면 효과적으로 궁금함을 해결하는 콘텐츠로 만들 수 있습니다.

∧ 검색 결과 페이지에 FAQ가 아코디언 형식으로 표시된다.

**코드**

```html
HTML
<html>
    <head>
        <title>FAQ</title>
        <script type="application/ld+json">
        {
            "@context": "https://schema.org",
            "@type": "FAQPage",
            "mainEntity": [{
                "@type": "Question", /* 1번째 자주 묻는 질문 */
                "name": "질문 문장 ",
                "acceptedAnswer": {
```

```
                    "@type": "Answer",
                    "text": "답변 문장"                  }
        },{
            "@type": "Question", /* 2번째 자주 묻는 질문 */
            "name": "질문 문장",
            "acceptedAnswer": {
                "@type": "Answer",
                "text": "답변 문장"
            }
        },{
            "@type": "Question", /* 3번째 자주 묻는 질문 */
            "name": "질문 문장",
            "acceptedAnswer": {
                "@type": "Answer",
                "text": "답변 문장"
            }
        }]
    }
    </script>
</head>
<body>
</body>
</html>
```

@type에 FAQPage를 지정합니다. name에 질문 문장을 입력하고 acceptedAnswer의 text에
답변 문장을 입력합니다. FAQ를 추가할 때는 쉼표(,)로 구분해서 추가합니다.

### 주의 사항

리치 결과에는 FAQ 말고도 Q&A가 있습니다. FAQ는 한 질문에 하나의 답변, Q&A는 한 질문에 여러
답변이 있는 형식입니다. 네이버 지식인과 같은 서비스가 Q&A에 해당하므로 페이지의 콘텐츠에 맞춰
설정합니다.

# 5 로컬 비즈니스를 위한 지식 그래프 카드

운영 중인 웹사이트가 로컬 비즈니스라면 검색 결과가 지식 그래프 카드(knowledge graph card)에 표시될 가능성이 있습니다. 음식점이나 카페, 상점, 병원 등 점포 정보를 구조화 데이터로 기재하면 상점명이나 주소, 전화번호, 영업 시간 등의 세부 정보를 화면 상단에 표시할 수 있습니다. 운영하는 사이트가 로컬 비즈니스에 해당한다면 설정하기를 권장합니다.

지식 그래프 카드에 게재되기 위해서는 구글 비즈니스 프로필에 등록해야 하므로 미리 설정해 둡니다.

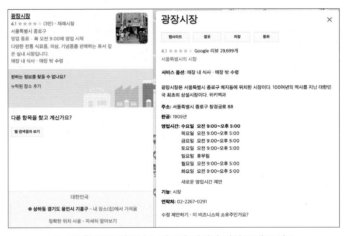

⌃ 상세한 로컬 비즈니스 정보가 게재된 지식 그래프 카드

## 코드

```html
HTML
<html>
    <head>
        <title>Dave's Steak House</title>
        <script type="application/ld+json">
        {
            "@context": "http://schema.org",
            "@type": "Restaurant", /* 비즈니스 종류 */
            "image": "섬네일 이미지 URL",
            "name": "점포명",
```

```
"address": {
    "@type": "PostalAddress", /* 점포 주소 */
    "streetAddress": "종로공원 25길 1",
    "addressLocality": "중구",
    "addressRegion": "서울시",
    "postalCode": "10011",
    "addressCountry": "KO"
},
"geo":{
    "@type": "GeoCoordinates",
    "latitude": "35.65868", /* 위도 */
    "longitude": "139.74544" /* 경도 */
},
"url": "사이트 URL",
"telephone": "전화번호",
"servesCuisine": "프랑스 요리", /* 요리 카테고리 */
"priceRange": "5,000", /* 평균 예산 */
"openingHoursSpecification": [ /* 영업 시간 */
    {
        "@type": "OpeningHoursSpecification",
        "dayOfWeek": [ /* 영업 시간(개점 및 폐점)을 적용할 요일 */
            "Monday",
            "Tuesday",
            "Wednesday",
            "Thursday",
            "Friday"
        ],
        "opens": "10:00", /* 앞에서 입력한 요일의 개점 시각 */
        "closes": "21:00" /* 앞에서 입력한 요일의 폐점 시각 */
    },
    {
        "@type": "OpeningHoursSpecification",
        "dayOfWeek": [ /* 영업 시간(개점 및 폐점)이 적용될 요일 */
            "Saturday"
        ],
        "opens": "12:00", /* 앞에서 입력한 요일의 개점 시각 */
        "closes": "23:00" /* 앞에서 설명한 요일의 폐점 시각*/
    }
```

```
        ],
        "menu": "메뉴 페이지 URL",
        "acceptsReservations": "true"
        /* 예약 가능 여부. 예약 가능하면 true */
    }
    </script>
</head>
<body>
</body>
</html>
```

입력한 정보는 매장의 기본 정보이므로 크게 어렵지 않을 것입니다. 그러나 몇 가지 주의할 점이 있습니다.

## 비즈니스 종류

비즈니스 종류를 지정합니다. 검색 결과에도 반영되므로 종류를 잘못 선택하지 않도록 합니다. 앞의 예시에서는 식당("@type": "Restaurant")을 지정했습니다. 다음은 선택할 수 있는 비즈니스 종류의 일부 목록입니다.

| 값 | 내용 | | 값 | 내용 |
|---|---|---|---|---|
| Bakery | 베이커리 | | Dentist | 치과 |
| BarOrPub | 술집 | | Optician | 안과 |
| CafeOrCoffeeShop | 카페 | | Pediatric | 소아과 |
| Restaurant | 식당 | | Pharmacy | 약국 |
| ShoppingCenter | 쇼핑 센터 | | BeautySalon | 미용실 |
| BookStore | 서점 | | DaySpa | 에스테틱 |
| ClothingStore | 의류점 | | HairSalon | 헤어 살롱 |
| ComputerStore | 컴퓨터 판매점 | | HealthClub | 피트니스 |
| Florist | 꽃집 | | SportsClub | 스포츠 클럽 |
| FurnitureStore | 가구점 | | NailSalon | 네일 살롱 |
| MedicalClinic | 병원 | | Hotel | 호텔 |
| | | | Resort | 리조트 |

## 위도와 경도

매장의 위도와 경도를 확인하는 방법을 모르는 분들도 있을 것입니다. 이 정보는 Google Maps에서 확인할 수 있습니다.

주소를 입력하고 표시된 핀에서 마우스 오른쪽 버튼을 클릭하면 위도와 경도가 표시됩니다. 만약 핀이 표시되지 않는다면 매장의 위치를 클릭하면 핀이 표시되므로, 그 핀에서 마우스 오른쪽 버튼을 클릭해 확인할 수 있습니다.

## 전화번호

전화번호는 국가 코드와 시외국번을 포함해 입력합니다. 예를 들어 '02-1234-5678'이라는 전화번호는'+82-2-1234-5678'로 입력합니다. 한국의 경우 국가 코드는 '+82', 시외 국번은 처음 '0'을 제외하고 그다음부터 입력합니다.

## 영업 시간

영업 시간은 해당 시간대에 별로 요일을 지정해 설정합니다.

- **고정된 영업 시간**

```
"openingHoursSpecification": [
{
    "@type": "OpeningHoursSpecification",
    "dayOfWeek": [
        "Monday",
        "Tuesday",
        "Wednesday",
        "Thursday",
        "Friday"
    ],
    "opens": "10:00",
    "closes": "21:00"
}
```

'10:00부터 21:00까지'의 영업 시간은 '월요일부터 금요일까지'로 지정됩니다. 만약 수요일의 영업 시간이 다르다면 "Wednesday",를 삭제합니다.

## ● 24시간 영업

```
"openingHoursSpecification": [
{
    "@type": "OpeningHoursSpecification",
    "dayOfWeek": [
        "Monday",
        "Tuesday",
        "Wednesday",
        "Thursday",
        "Friday"
    ],
    "opens": "00:00",
    "closes": "23:59"
}
```

24시간 영업을 지정할 때는 "00:00"부터 "23:59"의 시간대를 지정하고, 해당 요일을 지정합니다.

## ● 휴일

```
"openingHoursSpecification": [
{
    "@type": "OpeningHoursSpecification",
    "dayOfWeek": [
        "Sunday"
    ],
    "opens": "00:00",
    "closes": "00:00"
}
```

휴일을 지정할 때는 "opens"와 "closes"에 "00:00"을 지정하고, 해당 요일을 지정합니다.

● **휴업일**

```
"openingHoursSpecification": [
{
    "@type": "OpeningHoursSpecification",
    "opens": "00:00",
    "closes": "00:00",
    "validFrom": "2022-01-27",
    "validThrough": "2022-02-15"
}
```

휴일 이외의 장기 휴업은 "validFrom"에 휴업 시작일, "validThrough"에 휴업 종료일을 지정하고 "opens"와 "closes"에 "00:00"을 지정합니다.

● **복수 지정**

```
"openingHoursSpecification": [
{
    "@type": "OpeningHoursSpecification",
    ...
},
{
    "@type": "OpeningHoursSpecification",
    ...
}
```

다른 영업 날짜 및 시간이나 휴일을 지정할 때는 사이에 쉼표(,)를 입력한 뒤 이어서 입력합니다. 병원과 같이 하루 중에 구별된 영업 시간대가 있다면 복수로 지정해야 합니다.

# 마치며

마지막까지 읽어 주셔서 감사합니다.

이 책에서 설명한 내용은 그 정보의 특성상 필수적이지만 다소 뻔한 내용이 되기 쉽기 때문에, **발상을 전환하는 힘**이라는 숨은 메시지를 전달하기 위해 집필했습니다.

저는 항상 발상의 전환을 고민하면서 살아갑니다. 겉으로 드러나는 것 이면에 무언가 다른 장점이 있지 않을까 생각하면서요. 우리는 창의력 덕분에 이미 아는 것을 의심하며 보게 됩니다. 얼핏 불필요해 보이는 것들이라도 '이것을 없앤다면?', '저것을 추가한다면?'과 같은 질문을 던지며 바꾸어 보면서 스스로에게 가장 좋은 정보로 바꿔 내는 능력을 기르게 됩니다. 이것은 웹 제작에서 빼놓을 수 없는 스킬이기도 합니다.

'아이콘은 이미지를 이용하니까 이 코드는 쓸모 없다'고 생각하지 않고 '아이콘은 이미지를 이용하더라도 다른 코드는 그대로 쓸 수 있으니, 코드를 짧게 줄일 수 있겠다'고 관점을 바꿔 보면 여러분이 이 책에서 활용할 수 있는 정보가 충분히 있을 것입니다.

이 책에서는 발상의 전환을 쉽게 할 수 있도록 하나하나 친절하게 설명했습니다. 이 책의 지식을 일단 몸에 익혔다면 각자에게 가장 좋은 코드를 꼭 찾아보세요. 어느 순간 자신의 창의력이 크게 늘어나 있을 것입니다.

**고바야시 마사유키**

---

**진솔한 서평을 올려 주세요!**

이 책 또는 이미 읽은 제이펍의 책이 있다면, 장단점을 잘 보여주는 솔직한 서평을 올려 주세요.
매월 최대 5건의 우수 서평을 선별하여 원하는 제이펍 도서를 1권씩 드립니다!

- **서평 이벤트 참여 방법**
  ① 제이펍 책을 읽고 자신의 블로그나 SNS, 각 인터넷 서점 리뷰란에 서평을 올린다.
  ② 서평이 작성된 URL과 함께 review@jpub.kr로 메일을 보내 응모한다.
- **서평 당선자 발표**
  매월 첫째 주 제이펍 홈페이지(www.jpub.kr) 및 페이스북(www.facebook.com/jeipub)에 공지하고,
  해당 당선자에게는 메일로 개별 연락을 드립니다.

독자 여러분의 응원과 채찍질을 받아 더 나은 책을 만들 수 있도록 도와주시기 바랍니다.

Web Design Idea Recipe